IDEAS Y TRUCOS

PARA EDUCAR
HIJOS FELICES

IDEAS Y TRUCOS

Anne Chatelain

IDEAS Y TRUCOS

PARA EDUCAR
HIJOS FELICES

Si usted desea que le mantengamos informado de
nuestras publicaciones, sólo tiene que remitirnos su
nombre y dirección, indicando qué temas le interesan,
y gustosamente complaceremos su petición.

Ediciones Robinbook
Información Bibliográfica
Aptdo. 94.085 - 08080 Barcelona
E-Mail: Robinbook@abadia.com

© 1997, Ediciones Robinbook, SL.
 Aptdo. 94.085 - 08080 Barcelona.
Diseño cubierta: Regina Richling.
Fotografía: CD Gallery, S.L.
ISBN: 84-7927-230-9.
Depósito legal: B-23.684 -1997.
Impreso por Romanyà Valls, Pça. Verdaguer, 1,
08786 Capellades.

Impreso en España - Printed in Spain

INTRODUCCIÓN

Nuestros hijos nos observan constantemente, tanto cuando hablamos con ellos, cuando charlamos con nuestros amigos o con nuestros propios padres, como cuando hacemos algo tan mecánico como conducir el coche; somos su principal referente, desde que nacen hasta que alcanzan la edad de la pubertad. Y es por medio de esta observación estricta como van adquiriendo la mayor parte de sus valores. Nuestro modo de comportarnos y nuestras acciones, más que nuestras palabras, les revelan cuál es nuestro orden de prioridades y cuál es nuestra actitud ante la vida. A veces incluso parece que tienen un sexto sentido para identificar nuestro estado de ánimo, nuestras penas y frustraciones, que son capaces de ver más allá de nuestras palabras, y que nos conocen mejor que nosotros mismos. Así pues, resulta lógico pensar que a menudo somos nosotros, los padres, los causantes de los males de nuestros hijos. Y también los que más podemos ayudarles.

Si le preocupa la educación de su hijo, empiece por aceptar de una vez por todas que éste no es una especie de posesión que debe moldear a su gusto, sino un ser independiente y distinto a usted al que puede enseñar muchas cosas, pero al que no debe manipular o imponer su forma de pensar y entender la vida. Ayúdele a encontrar su propio camino y a seguirlo. Si lo hace, le resultará más fácil transformar los conflictos y problemas que vayan surgiendo a lo largo de su vida en experiencias positivas.

Uno de los desafíos más difíciles de ser padre es el de conservar la confianza de nuestros hijos, ya que si la perdemos difícilmente podremos ayudarles. Recuerde que ser padre significa dar sin pedir nada a cambio y que ello implica a menudo hacer grandes concesiones, y anteponer su bienestar y su aprendizaje a nuestro orgullo o nuestros deseos paternos. No lo olvide, usted puede ser su amigo pero ante todo, y por encima de todo, es su padre.

Así pues, es importantísimo que tratemos de entender a nuestros hijos y que estemos dispuestos a aprender día a día. Hemos de ser capaces de ser sinceros con nosotros mismos y de admitir nuestros errores. Ahora bien, eso no significa que debamos culpabilizarnos o sentirnos frustrados cuando las cosas no salen como esperábamos. Simplemente, debemos seguir insistiendo y no darnos por vencidos. Y cuando algo salga bien o consiga uno de los objetivos que se había fijado con su hijo, felicítese. Ello le dará seguridad y confianza para afrontar los momentos más difíciles o desagradables. Y no lo olvide, usted no es el único que tiene problemas; son muchos los padres y los hijos que se enfrentan a conflictos parecidos a los suyos.

Los padres perfectos no existen, son una invención de la publicidad y las películas. Sin embargo hay muchas cosas que usted puede hacer para mejorar la relación con su hijo y para ayudarle a madurar. Confórmese con estar dispuesto a echarle una mano siempre que le necesite, con no darse por vencido, con meditar sobre todo aquello que acontezca en el ámbito familiar, y con dedicar a su pequeño más tiempo, tanto físico como mental. Por mucho que queramos, no podemos proteger a nuestros hijos de los contratiempos y penalidades de la vida; pero podemos conseguir que sean personas fuertes, que sean conscientes de sus propios recursos y que tengan confianza en sí mismos para afrontar todo aquello que les depare el futuro.

CÓMO UTILIZAR ESTE LIBRO

Este manual está dividido en ocho grandes apartados: problemas domésticos, problemas familiares, problemas de relación, problemas escolares, comportamientos negativos, comportamientos sociales, la actitud en casa y la actitud en la mesa. Los bloques son bastante subjetivos y pretenden dar una ordenación orientativa. De hecho, hay capítulos que podrían estar incluidos en más de un apartado. Ello se debe a que las distintas facetas del comportamiento humano están íntimamente relacionadas entre sí. Así, por ejemplo, la actitud del niño en casa puede originar serios problemas domésticos o provocar un problema de relación entre el niño y la madre. O la muerte de un ser querido puede ser la causa del retraso escolar de nuestro pequeño o de que tenga determinados problemas fisiológicos.

Cada uno de estos grandes apartados está subdividido a su vez en varios capítulos: todos ellos son breves y directos. Plantean un tema concreto, tratan de analizar las posibles causas y aportan soluciones específicas. No olvide, sin embargo, que se trata tan sólo de ideas o sugerencias, pero que en último término es usted quien debe decidir lo que es mejor para su hijo dejándose guiar siempre por su sentido común.

La estructura de este libro hace posible alternar una lectura ordenada con otra absolutamente arbitraria. Cada capítulo puede estudiarse como una unidad independiente, de modo que puede empezar el libro por el final o por el bloque que más le interese. Yo le aconsejo que haga una primera lectura rápida, para hacerse una idea del tipo de información y planteamiento que puede hallar en el libro, y que luego vuelva a mirarse aquellos capítulos que más le han interesado o que pueden serle útiles en relación con la problemática específica de su hijo.

Finalmente, decir que la franja de edades en la que se centra este libro es bastante concreta: entre los cuatro y los doce años de edad. Hemos dejado fuera los problemas específicos de la primera infancia y los que afectan a nuestros hijos durante la adolescencia ya que consideramos que se merecen un estudio aparte.

PROBLEMAS DOMÉSTICOS

1. MIS HIJOS SE PELEAN SIEMPRE

Las peleas entre hermanos son uno de esos problemas cotidianos que preocupan y angustian a todos los padres. Y es que a nadie le gusta ver a dos de sus angelitos enzarzados en una disputa a muerte o chillándose histéricos por un trozo de papel arrugado. Cuando esto ocurre, solemos experimentar una mezcla de vergüenza, hastío y desengaño, consecuencia probablemente de una idealización demasiado romántica de nuestros hijos. La imagen bucólica de dos niños que juegan apaciblemente en una misma mesa bajo la mirada orgullosa y tierna de sus padres –con la que la publicidad o las películas nos regalan tan a menudo– no suele ser, en la mayoría de los casos, un fiel reflejo de la realidad.

La verdad es que para los niños pelearse es algo muy excitante; les gusta por varios motivos. Uno de ellos es que les permite demostrar, aunque sea sólo durante un breve instante, su poder sobre los demás; peleándose tratan de imponer su voluntad y ello les hace sentir importantes. Además, es un método eficaz para atraer la atención de los adultos; ya sabe lo que dice el refrán: «Lo importante es que hablen de uno, aunque sea bien». También les sirve para quejarse de todo aquello que les parece injusto, tanto si el problema es que sienten celos de un hermano como si es la vida en general. Todos sabemos que a los niños a veces les cuesta expresar lo que sienten, especialmente cuando el problema es que consideran que les hemos tratado injustamente; la violencia es entonces una válvula de escape, probablemente la única que conocen. En cualquier caso, es algo que ven todos los días en la televisión, en el colegio e incluso en casa, y que por tanto les parece normal.

POSIBLES SOLUCIONES

1. **Sea específico:** diciendo a su hijo que no sea malo y que tiene que portarse bien, no conseguirá nada. Cuando sus hijos peleen, debe intervenir dándoles órdenes tajantes. Por ejemplo, «Vete a tu cuarto», «Devuélvele eso a tu hermano» o «No grites».

2. **Delimite su espacio:** cada hijo debe disponer de un espacio propio para guardar sus cosas y sus juguetes. De este modo aprenderán a distinguir entre lo que es exclusivamente suyo y lo que es de todos y, por tanto, deben compartir.

3. **Enséñeles a defenderse:** sus hijos deben aprender a defenderse de los ataques y las burlas. Si uno le dice al otro «Eres un miedica», el ofendido debe ser capaz de responder cosas como «Sí, yo también te quiero» o «¿Sabías que todos los grandes hombres han tenido miedo alguna vez?» o «Dime qué insultos usas y te diré quién eres».

4. **No les haga caso:** si lo que pretenden peleándose es llamar su atención, no les haga caso. De este modo verán que su método no es tan bueno como pensaban.

5. **Quíteles importancia:** si el ambiente se caldea demasiado, trate de suavizar las cosas. Si uno le dice al otro que le odia,

añada algo como «Sí, le odias ahora. Es muy difícil querer a alguien a todas horas». Respuestas del tipo «No lo dirás en serio» o «Pide perdón a tu hermano inmediatamente» tan sólo consiguen empeorar las cosas.

6. **No permita que se hagan daño:** si la cosa se pone fea, sepárelos y envíelos a habitaciones distintas. Si no consiguiera separarlos, amenácelos con quitarles la paga semanal o algo parecido.

7. **Trate de descubrir la verdadera causa:** dialogue con ellos, preferentemente por separado. Trate de averiguar si hay alguna razón específica o algún problema de fondo.

8. **Identifique el momento:** a veces las peleas se producen en un momento determinado o ante circunstancias concretas, por ejemplo, a la hora de acostarse, mientras se bañan o cuando hay visitas. Si las discusiones siguen alguna pauta, trate de identificarla. Sólo así podrá resolver el conflicto.

9. **Propóngales métodos alternativos:** enséñeles que, además de las peleas, existen otros métodos para descargar la adrenalina. Por ejemplo, hacer un dibujo horrible del hermano con el que acaban de discutir. Explíqueles que a usted le basta con ver el dibujo para saber que están enfadados.

10. **No pierda nunca su sentido del humor:** utilice la ironía siempre que le sea posible. Cuando el ambiente esté cargado, diga algo como «Pensaba que os gustaba pelear pero he descubierto que no podéis vivir sin ello» o «Mis hijos por una taza de café bien calentito». Como mínimo conseguirá apaciguar los ánimos.

11. **Premie la buena conducta:** siempre que se porten bien, demuéstreles lo orgulloso que se siente. Puede escribirles una nota o premiarles con algo sencillo. (Trate de no caer en la trampa de premiarles sistemáticamente.)

CONSEJO ÚTIL

Enseñe a sus hijos a solucionar sus propias disputas.

14

2. PEGAR O NO PEGAR

Son muchos los padres que opinan que un cachete bien dado puede hacer maravillas. De hecho, muchos lo consideran un método altamente efectivo para enseñar a un hijo a distinguir entre lo que está bien y lo que está mal, entre lo que le está permitido hacer y lo que no. La mayor parte de los progenitores, no obstante, pega a sus hijos porque sus padres también les pegaban a ellos; creen que es el único sistema realmente eficaz y que, si no son lo suficientemente duros, sus niños corren el peligro de acabar siendo unos malcriados. Sin embargo, esto no tiene por qué ser así. Cuando pegamos a un niño, en realidad el mensaje que le estamos transmitiendo es: si eres mayor y más fuerte que tu contrincante, puedes pegarle; o los problemas se solucionan por medio de la violencia. Como ustedes mismos deducirán, no tiene nada de positivo.

SEA LÓGICO Y PACIENTE

Un padre debe fijar las reglas básicas sin abusar de ellas. Si nos pasamos el día prohibiéndole cosas a nuestro hijo, al final éste se cansará y dejará de hacernos caso. Asimismo, si las reglas cambian según las circunstancias, el niño no sabrá a qué atenerse y aprenderá a poner en duda nuestra palabra, con lo cual disminuirá su respeto por nosotros. Así pues, debemos tener muy claras cuáles son nuestras prioridades. Una regla lógica y necesaria podría ser, por ejemplo, «No debes subir a los árboles, porque podrías hacerte daño»; en cambio, la regla «Nunca debes interrumpir a mamá» es un poco absurda, porque en una emergencia, o si nuestro hijo necesita ir urgentemente al lavabo, es preferible que nos interrumpa.

De todos modos, si queremos que nuestros hijos obedezcan las reglas, hemos de tener claro que deberemos repetirlas un millón de veces y que, aun así, no siempre obtendremos el resultado deseado. En cualquier caso, no se trata de desobediencia; simplemente, no son conscientes de lo importante que es asumir las propias obligaciones y se olvidan de ellas.

Para ser un buen padre es necesario armarse de paciencia y utilizar pequeños trucos caseros. Por ejemplo, si queremos que recojan la habitación, les diremos algo como: «Me juego algo a que no sois capaces de guardar todos los juguetes en menos de tres minutos», «El que recoja la ropa tendrá ración doble de helado» o «El primero que baje a comer se libra de recoger la mesa».

APRENDA A DOMINAR SUS REACCIONES INSTINTIVAS

Cuando la falta de constancia de su hijo le desespere, contrólese. No ceda ante la tentación de darle un buen cachete. Piense que hay otras soluciones mejores. Muchas veces basta con agarrarles firmemente por el brazo; es más rápido y conseguirá igualmente captar su atención. Si nota que está a punto de estallar, que sus hijos le están sacando de sus casillas, salga de la habitación y no vuelva a entrar hasta que se haya calmado. Es posible que su hijo rompa a llorar porque le ha dejado solo y de pronto se siente abandonado; más vale que llore por eso que no porque su mamá o su papá le han pegado.

Si su hijo no le hace caso, en vez de darle una bofetada, golpee la mesa o su propia rodilla con todas sus fuerzas. El golpe hará que el niño deje de hacer lo que estaba haciendo, fuere lo que fuere; además, oirá lo que usted tenga que decirle mucho mejor que si estuviese llorando a causa de su reprimenda.

Si de repente se da cuenta de que ha empezado a decir algo como «Deja eso inmediatamente o...», piense que dispone del tiempo suficiente para sustituir la palabra «pegar» por otra menos violenta como es «gritar»: «Deja eso inmediatamente o gritaré». Si su hijo no le obedece, grite con todas sus fuerzas. Con ello conseguirá sorprenderle e impresionarle y, al mismo tiempo, hacer que desaparezca o disminuya su propia tensión.

CÓMO CASTIGAR A LOS HIJOS SIN PEGARLES

A veces, no obstante, la falta cometida por nuestro hijo requiere un castigo. Éste debe ser justo y debe servir ante todo para que aprenda la lección. Supongamos que le hemos prohibido expresamente que vaya en bicicleta por una carretera que hay cerca de casa y que éste se salta la prohibición haciendo caso omiso de nuestras advertencias. El castigo puede consistir en dejarle sin bicicleta durante uno o varios días. Si por el contrario le pegamos, no conseguiremos hacerle entender que lo hacemos por su bien, porque es como si le estuviéramos diciendo: «Te hago daño porque no quiero que te hagas daño». El mensaje resulta demasiado rebuscado y absurdo como para que nadie pueda aprender algo de él, sobre todo para un niño.

CONSEJO ÚTIL

La solución más rápida no es siempre la mejor. Un cachete puede ser efectivo a corto plazo, pero a la larga acaba siendo contraproducente. Trate de ser más imaginativo.

18

3. MI PAPÁ ME TOCA

Son muchos los niños, y sobre todo las niñas, que sufren o han sufrido abusos sexuales durante su infancia; muchos más de los que nos pensamos. Dos terceras partes de los abusos se dan en familias donde algún miembro tiene problemas con el alcohol, y en la mayoría de los casos se trata de padres o padrastros que abusan de sus hijas o hijastras. Piense que si su hijo sufre este tipo de agresiones sufrirá mucho, y le llevará mucho tiempo superarlo de verdad.

ESTÉ ATENTO AL COMPORTAMIENTO DE SU HIJO

Ante este tipo de situaciones, lo primero que hemos de hacer es identificar el problema. Al niño le cuesta mucho pedir ayuda y contarle a alguien lo que le está ocurriendo. Por un lado, el adulto que está abusando de él le amenaza («Si se lo dices a alguien, te mandaré a un internado» o «Si se lo dices a mamá, tendré que pegaros a las dos»), le soborna («Si no se lo dices a nadie, te compraré un videojuego nuevo» o «Si eres buena chica, te llevaré al zoo más tarde») o le asegura que nadie le creerá («¿Quién le va a hacer caso a un mocoso como tú?»

o «¿De verdad crees que alguien va a creerte?»). Por otro lado, al niño le da vergüenza contarlo, tiene miedo de que le echen la culpa, o de que mamá o papá tengan que irse de casa si él dice algo, de modo que suelen proteger a los padres; prefieren que sigan abusando de ellos a que éstos puedan tener problemas por su culpa. Muchas veces incluso piensan que ellos son los únicos culpables de todo lo que está pasando, así que sufren doblemente.

POSIBLES MANIFESTACIONES EN EL NIÑO

Así pues, hemos de ser nosotros, los adultos, los que detectemos que está pasando algo anormal. A continuación detallamos posibles comportamientos extraños en el niño.

- Se niega a ir a casa de algún tío suyo o sufre un colapso nervioso cada vez que ve a la persona que abusa de él.
- Tiene pesadillas por la noche.
- Se hace pipí en la cama.
- Empieza a demostrar miedo a quedarse solo.
- Llora sin motivo aparente.
- No evoluciona de acuerdo con su edad.
- Empieza a vestirse de un modo seductor o, por el contrario, a ponerse muchas capas de ropa.
- Engorda de forma inesperada.
- No se arregla ni se preocupa por su aspecto personal.
- De repente se siente incómodo con otras personas del mismo sexo y la misma edad que el agresor.
- Empieza a hacer demostraciones sexuales en público de un modo absolutamente gratuito.

Cualquiera de estos síntomas debe ponernos sobre aviso. Hemos de ser conscientes de que el niño necesita ayuda y de que sólo nosotros podemos brindársela. Lo primero que hay que hacer es conseguir que recupere la confianza en sí mismo y en todo aquello que piensa, siente o experimenta. Debe hacer caso de lo que le dicta su voz interior y no transigir si no es eso lo que quiere. A continuación hay que ayudarle a exteriorizar sus sentimientos, todos sus miedos y vergüenzas. Si no lo hacemos, acabará por encerrarse en sí mismo y es probable que caiga en algún tipo de adicción. Cuando el niño está convencido de que es culpa suya, hay que hacerle ver que no es así, que él no ha hecho nada malo y que puede optar por otro tipo de vida. Asimismo, debemos demostrarle que puede contar con nosotros, que le protegeremos y le ayudaremos en todo, ya que lo más probable es que se sienta completamente desvalido y solo.

Los niños que se han visto sometidos a este tipo de abusos suelen sentir rabia, porque en el fondo saben que han sido tratados injustamente y que su intimidad ha sido violada. Hay que enseñarles a expresar su enfado, porque la rabia reprimida puede ser altamente destructiva y causarles serias dolencias físicas y psíquicas.

Una vez que el niño tenga claro que estamos allí para ayudarle y que no tiene por qué seguirse sometiendo a los abusos, podemos enseñarle a enumerar las distintas partes de su cuerpo. De este modo, conocerá el vocabulario necesario para hablar de su problema y de todo aquello que no le gusta que le hagan. El niño debe comprender que se trata de su cuerpo y de que todo lo que forma parte de él le pertenece. Sólo así será capaz de decir que no y de hacer que los otros respeten su espacio vital.

ELIMINE LOS SENTIMIENTOS NEGATIVOS EN EL NIÑO

Ante este tipo de violencia, los niños suelen interiorizar mensajes muy negativos. Por ejemplo, «Soy malo», «Soy un estúpido», «Soy un cero a la izquierda», «Lo hago todo mal» o «Yo tengo la culpa de todo». El único modo de que recupere el amor propio y el respeto por sí mismo es sustituyendo estas ideas erróneas por otras positivas. Es importante, sin embargo, no introducir este tipo de afirmaciones hasta que el niño esté realmente preparado. Si el primer día le decimos que es bueno y que puede hacer todo aquello que se proponga, le resultará imposible creérselo y, consecuentemente, todavía se sentirá más desdichado.

Finalmente, hay que ayudarle a superar su complejo de mártir. Los niños que sufren abusos sexuales suelen asumir el papel de víctima en otros ámbitos de su vida: los demás niños se ríen de ellos, son siempre los que pagan el pato y tienen problemas de relación en el colegio. Todo ello no hace sino confirmar su convencimiento de que el problema son ellos. Debemos explicarles que no tienen por qué ser siempre la víctima y que existen otras opciones. Podemos aconsejarles que escojan a sus amigos entre aquellos que les tratan bien y se alejen de aquellos que les tratan mal, demostrarles que dos no se pelean o no entran en conflicto si uno no quiere, y enseñarles a valorar sus propias capacidades y virtudes. Ello les permitirá recuperar la esperanza y empezar a ver que las cosas pueden cambiar de verdad.

EN CASO DE ABUSO SEXUAL

1. Cerciórese de dónde y cuándo se producen los abusos. Si se producen en un sitio concreto, encárguese de que el niño no vaya a dicho lugar; si ocurren en un momento determinado, ocúpese de que no esté solo en ese instante.

2. Trate de averiguar si los abusos se producen a consecuencia de algo concreto. Si tienen lugar cuando el padre llega a casa con unas copas de más, extreme las precauciones en dichas ocasiones. Por ejemplo, lleve al niño a casa de la abuela y encárguese de que pase allí la noche.

3. Lleve siempre encima el teléfono de varias personas que puedan echarle una mano en caso de emergencia: un amigo, un vecino, algún familiar o incluso un asistente social. Tenga la maleta preparada y, al menor indicio, coja al pequeño y váyase de casa.

4. Pida consejo en algún centro o en alguna asociación que se dedique a este tipo de casos. Participe en alguna terapia de grupo en la que pueda expresar libremente sus sentimientos y sus temores. Piense que usted debe estar centrado y saber perfectamente lo que está haciendo; de lo contrario, no podrá ayudar a su hijo o al niño en cuestión.

CONSEJO ÚTIL

Si advierte alguna anomalía en casa, no esconda la cabeza bajo el ala.

4. TODOS A LA CAMA

Es de noche y acabamos de meter en la cama a los niños. Les hemos leído un cuento y por fin se han quedado dormidos. Tratando de no hacer ruido, los arropamos bien, apagamos la lamparita de la mesilla y salimos de puntillas de la habitación. Y, cuando estamos a punto de cerrar la puerta, oímos una vocecita que dice: «Quiero agua» o «Tengo pipí» o «Hay un monstruo en el armario». Algunos padres, cuando llega el momento de acostar a sus hijos, lo pasan realmente mal. El problema, sin embargo, suele ser siempre el mismo: los malos hábitos. Así pues, la solución reside en establecer una rutina y encargarse de que se cumpla a rajatabla. El objetivo final es que el niño no abandone su cama ni nos haga entrar de nuevo en su dormitorio una vez hayamos apagado la luz, esté dormido o no. De este modo, todo el mundo podrá descansar; tanto los niños como los padres.

EL MÉTODO DEL RELOJ

Un método eficaz para establecer esta rutina es el método del reloj. Una hora antes del tiempo establecido para ir a la cama, avise a los niños y dígales el tiempo de que disponen. No olvide que su punto de vista y el de los niños son completamente diferentes. Ellos se lo están pasando bien y no entienden por qué deben dejar lo que están haciendo e irse a la cama. Usted sabe que necesitan descansar, pero ellos están convencidos de que no les hace ninguna falta. Además, podrían perderse algo interesante, mientras duermen. Así pues, si les avisamos una hora antes, tienen tiempo de mentalizarse y de empezar a calmarse.

Cuarenta y cinco minutos antes, dígales que en un cuarto de hora tendrán que empezar a limpiarse los dientes, ir al lavabo y hacer todo lo que tengan que hacer antes de acostarse. Media hora antes deben empezar a asearse. Explíqueles que no deben esperar hasta el último momento: si terminan antes, dispondrán de más tiempo para hacer lo que quieran. Cuando quedan cinco minutos, empieza la cuenta atrás. Es el momento de pedir agua, de preparase para escuchar un cuento, de escoger el libro que quieren leer o de preparar la cinta de música que les gustaría escuchar. Adviértales que no se admitirán excusas. Ha llegado el momento de meterse en la cama y de los besos, los abrazos y el cuento. A continuación, los niños pueden disponer de un tiempo establecido para leer o escuchar música antes de que apaguemos definitivamente la luz, pero siempre con la condición de que no salgan de la cama. Es un método eficaz y no es tan complicado como parece a primera vista. Simplemente, hemos de estar pendientes del tiempo o poner un despertador que nos avise.

Una vez que sus hijos empiecen a practicar esta rutina, debe elogiarles cada vez que hagan algo bien. Así, por ejemplo, si están preparados para ir a la cama diez minutos antes de la hora, hemos de decirles algo como: «Te han sobrado diez minutos. Te estás haciendo mayor y me siento muy orgulloso».

Les puede premiar leyendo un cuento más o dejándoles estar levantados cinco minutos extras.

NO SE DEJE ENGATUSAR

Si para llamar su atención utilizan el hambre o la sed, deje junto a su cama un termo con agua o algo de comer. De este modo no podrán usar nunca más dichas excusas.

Los hijos mayores suelen reclamar el derecho de acostarse más tarde que sus hermanos pequeños. Es probable que ello nos complique la vida, pero es justo y por tanto es normal que lo pidan. Además, ello nos permitirá dedicar más tiempo a cada uno de los niños, ya que primero centraremos toda nuestra atención en uno y luego en el otro. Tan sólo hay un problema: convencer a los más pequeños de que es lo justo. Una solución consiste en fijar de antemano la hora que corresponde a cada edad.

Hay que ignorar protestas como «Soy el único niño de la escuela que se acuesta a las nueve». Si lo considera necesario, puede preguntar a los otros padres; si no, limítese a contestarle algo así como: «Y, si no te vas a la cama inmediatamente, serás el único niño de la escuela sin cabeza».

AYÚDELES A CONCILIAR EL SUEÑO

Si sus hijos tienen un osito de peluche, una muñeca, una manta o un trozo de tela que les ayuda a dormirse, téngalo siempre a mano. Y no se preocupe; que lo necesiten ahora no quiere decir que lo vayan a necesitar siempre. Otra cosa que puede ayudar a relajarles es reírse. Justo antes de acostarse puede contarles un chiste o una historia graciosa. Incluso puede proponerles que sean ellos quienes lo expliquen.

Para eliminar el problema de los monstruos, puede leerles alguno de los cuentos que tratan sobre el tema. Hay algunos que son realmente buenos e instructivos. Si ello no bastara, mire debajo de la cama y en el armario antes de apagar la luz, pero asegúrese de decir que allí no hay ningún monstruo, que los monstruos no existen y que usted no cree en ellos. Que son bobadas.

Otro aspecto que hay que tener en cuenta es que no deben realizarse actividades que les exciten antes de irse a la cama: nada de peleas de almohadas ni de jugar a «pilla pilla». Es preferible que les cante una nana, hacer ejercicios de relajación con ellos, acariciarles la espalda, contarles un cuento o comentar qué ropa se pondrán al día siguiente. Utilice un tono de voz suave o hable en susurros. Se dormirán aunque no quieran.

Un padre tiene que dejarse guiar sobre todo por su sentido común, así que, como es natural, a veces tendremos que saltarnos las reglas; por ejemplo, cuando estén particularmente tristes por algo que les ha sucedido durante el día, cuando estén enfermos o cuando tengan una de esas pesadillas horribles que se tienen a veces.

SER PADRE PUEDE SER MUY DURO

Dejar que un hijo llore va en contra de los instintos naturales de cualquier padre. Queda claro, pues, que enseñar a un niño cómo debe comportarse por la noche no es una tarea fácil, ni tampoco agradable. Es muy probable que en más de una ocasión se pregunte si vale la pena tanto esfuerzo y tanto sufrimiento, que se sienta culpable o incluso cruel. No obstante, debe mantenerse firme. Asimismo, de vez en cuando debe recordarse que lo hace por el bien de su hijo, para que tenga buenos hábitos y pueda beneficiarse de las ventajas que ello supone.

VENTAJAS DE LOS BUENOS HÁBITOS

- Su hijo se sentirá más seguro de sí mismo y no tendrá miedo cuando esté solo por la noche.
- Su hijo confiará más en sí mismo durante el resto del día.
- Su hijo no estará cansado o malhumorado cada dos por tres.
- A su hijo le resultará menos difícil concentrarse y aprenderá las cosas más fácilmente.
- Usted dispondrá de más tiempo para estar tranquilamente con su pareja (no cometa el error de abandonar a su cónyuge por el hecho de haberse convertido en padre).
- Su hijo y usted pasarán una buena noche y descansarán, así que al día siguiente todo el mundo estará de mejor humor.
- Usted estará tranquilo porque sabrá que su pequeño ha descansado lo suficiente y está en plenitud de fuerzas.

CONSEJO ÚTIL

Manténgase firme aunque se sienta cruel, aunque tenga la sensación de que no sirve para nada. Al final siempre funciona y todo el mundo sale ganando.

5. ESOS MALDITOS VIDEOJUEGOS

La adicción a los videojuegos es uno de aquellos temas que en la actualidad preocupan a la mayoría de los padres. Al ver a los niños pegados a la pantalla del ordenador o a la Game Boy, uno tiene la sensación de que, poco a poco, se están alejando de la realidad para perderse en un mundo irreal y de fantasía que nos es completamente extraño. Sin embargo, no hemos de olvidar que la llegada de inventos como la radio, la televisión o el vídeo debió provocar reacciones parecidas en mucha gente; no obstante, hoy los tenemos completamente asimilados y son un elemento más de nuestro entorno doméstico. Así pues, antes de condenar definitivamente los videojuegos, tratemos de ver su lado positivo.

VENTAJAS DE LOS VIDEOJUEGOS

Una de sus virtudes es que nos permiten disfrutar de un poco de tranquilidad y descanso, ya que cuando un niño está entretenido con un videojuego es como si desapareciese; permanece sentado en un rincón y podemos estar seguros de que no hará ninguna trastada. Por otro lado, mejoran la coordinación manual y visual del pequeño y, en cierto modo, estimulan su imaginación y su creatividad. Asimismo, pueden desarrollar su capacidad deductiva, su memoria y su intuición, o enseñarle a enfrentarse con todo tipo de desafíos y a solucionar problemas.

ADOPTE UNA ACTITUD CONSTRUCTIVA

La verdad es que la mayoría de los videojuegos son violentos y no transmiten ningún tipo de valor moral. De todos modos, prohibiendo a nuestros hijos que jueguen con ellos no arreglaríamos nada. Lo peor que podemos hacer es engañarnos y hacer ver que los videojuegos no existen. En vez de criticarlos y cerrarnos en banda, hemos de averiguar más cosas acerca de ellos. Y la mejor forma de hacerlo es preguntando a nuestros propios hijos, mirando cómo juegan y tratando de entender las reglas.

Por otro lado, debemos dialogar con ellos acerca de todo aquello que nos preocupe e invitarles a reflexionar al respecto; hablar del tema de la violencia y preguntarles qué sienten cuando «se cargan» a alguien. Pregúnteles también si creen que los niños pueden ser más violentos en la vida real a causa de los videojuegos. No critique sistemáticamente este tipo de juegos o sus hijos le verán como alguien que está totalmente en contra de ellos y le resultará más difícil entablar un dialogo al respecto. Ahora bien, si hay algún videojuego que le parezca una monstruosidad, dígaselo abiertamente.

ALGUNAS MEDIDAS DE PRECAUCIÓN

Lo que está claro es que, sobre todo en algunos niños, los videojuegos pueden tener consecuencias negativas, tanto físicas como psíquicas. Y que nunca es bueno abusar de las cosas, por buenas o interesantes que puedan ser. Así pues, anime a su hijo:

1. a descansar a menudo. No deje que juegue más de una hora seguida.
2. a sentarse lo más lejos posible de la pantalla. Si su hijo ha sufrido algún ataque epiléptico, oblíguele a sentarse como mínimo a dos metros y medio de distancia, y cúbrale un ojo con un parche (para provocar un ataque epiléptico, el parpadeo de la pantalla debe afectar simultáneamente a los dos ojos).
3. a encender la luz de la habitación.
4. a no jugar si está enfermo o muy cansado.

Asimismo, anímeles a hacer actividades más movidas, como patinar o ir en bicicleta, y apúnteles a hacer clases de judo o de ballet. Así equilibrará la balanza y conseguirá que sus hijos aprendan más cosas sin sentirse incomprendidos.

MEDIDAS DE EMERGENCIA

1. Si no consigue que le hagan caso, negocie con ellos el tiempo que pueden jugar y cuándo.
2. Si fuera necesario, quíteles una pieza vital del videojuego y haga caso omiso de sus protestas.

CONSEJO ÚTIL

Hable con sus hijos acerca de los aspectos negativos de los videojuegos; puede ser muy instructivo para todos.

6. LOS PELIGROS DE INTERNET

Uno de los últimos avances relacionados con el mundo de la informática es Internet, un sistema que funciona a escala mundial y que, junto a un gran número de ventajas, tiene varios inconvenientes, especialmente en relación con los niños. A través de Internet, nuestros hijos pueden tener acceso a mucha información interesante –el resultado de un partido de fútbol, los libros publicados durante las últimas semanas, los distintos parques de atracciones que existen en cada país o las actividades infantiles que tienen lugar en su ciudad–, pero con la misma facilidad pueden acceder a imágenes pornográficas degradantes o ponerse en contacto con pedófilos que tratan de conseguir nuevas víctimas. No hace mucho se descubrió que en Internet se comercializaban imágenes pornográficas de niños menores de edad; y en Estados Unidos dos niños se fueron de casa después de haber mantenido correspondencia con un desconocido a través de este sistema. Así pues, nos encontramos ante un dilema muy serio: no podemos negarnos a que nuestros hijos utilicen los ordenadores, ya que en un futuro próximo serán una herramienta esencial, pero queremos protegerlos de posibles influencias negativas.

POSIBLES SOLUCIONES AL DILEMA

1. Explique a sus hijos todo aquello que deben saber:

- Cualquiera puede utilizar la red y hacer ver que es otra persona. Igual se piensan que están hablando con otro niño cuando en realidad se trata de un desequilibrado.
- No deben dar nunca su nombre completo, su dirección, su número de teléfono u otros detalles acerca de su persona a alguien que hayan conocido por medio de Internet.
- No deben quedar con nadie sin antes consultárselo a usted.
- No deben mandar una foto suya a nadie sin antes consultárselo a usted.

2. Cuando compre el equipo, pregunte por los paquetes que permiten bloquear el acceso a determinados servicios de la red. Le serán de gran ayuda.
3. Coloque el ordenador en alguna habitación a la que todo el mundo tenga acceso.
4. Cuando su hijo esté utilizando el ordenador, déjese caer por allí e interésese por lo que está haciendo. Pídales que le enseñen a utilizar el Internet.
5. Controle el tiempo que sus hijos pasan conectados a la red. Si le parece excesivo, especialmente por la noche, extreme las precauciones.

CONSEJO ÚTIL

Enseñe a sus hijos a escoger correctamente y no tendrá que preocuparse por lo que descubren o dejan de descubrir.

7. TELEVISIÓN SÍ, TELEVISIÓN NO

Cuando hablamos de la televisión, son dos los problemas que hemos de tener en cuenta: el tiempo que nuestros hijos pasan delante de ella y el tipo de programas, y sobre todo de películas, que ven. En relación con el primer aspecto, es aconsejable fijar un horario o tiempo máximo de antemano. De este modo, el niño aprende a seleccionar aquello que más le gusta y no adquiere el hábito de sentarse delante del televisor y tragarse todo lo que echen, sea lo que sea. Durante la semana no resulta excesivamente problemático, ya que el niño va al colegio y es probable que lleve a cabo alguna actividad más, por ejemplo algún deporte o afición, por lo que dispone de poco tiempo libre. Pero cuando llega el fin de semana o un período de vacaciones –como Navidad o Semana Santa–, haber fijado unas reglas claras puede resultarnos muy útil.

LA VIOLENCIA Y LAS ESCENAS DE SEXO

El tema de la programación es un poco más complejo y difícil de solucionar. Sobre todo cuando se trata de decidir qué películas pueden ver nuestros hijos y cuáles no. Existen muchos estudios al respecto, pero la verdad es que los expertos no se ponen de acuerdo en si la violencia y las escenas de sexo son perjudiciales o no para los niños. Así pues, los padres deben utilizar el sentido común e imponer su criterio. Personalmente, creo que hay que proteger a los niños de la violencia cuando ésta es gratuita y excesivamente cruda, y que no hay nada malo en que vean escenas de sexo siempre que éstas no sean degradantes o perversas. En resumen, hay que prohibirles las películas cuyo mensaje sea que la violencia, ya sea física o sexual, es algo normal.

De todos modos, la televisión también tiene aspectos positivos. Hay programas destinados a los niños que son muy creativos y despiertan su curiosidad por las cosas, documentales que les ayudan a ampliar sus conocimientos y series que agudizan su sentido del humor. Así pues, la función de los padres es supervisar y aconsejar a sus hijos el tipo de programas que deben ver, y luego sacarles el máximo partido.

NOCIONES QUE SE DEBEN TENER EN CUENTA

1. Haga una selección de los mejores programas. El televisor no tiene por qué ser un enemigo: puede ser un aliado.

2. Hay programas que no les aportan nada pero tampoco les hacen ningún daño. Por supuesto, hay que dosificarlos, pero no pasa nada porque vean alguno. Además, si se los prohibimos, probablemente los pondremos en un compromiso porque en el colegio todo el mundo hablará de ellos y nuestros hijos parecerán unos bichos raros.

3. La televisión puede ser la fuente de inspiración que despierte en ellos el interés por algo, por ejemplo, por la música o por el deporte de alta competición. Asimismo, puede

hacerles más sensibles a las necesidades de los demás. Ver un reportaje sobre el hambre que sufren los niños de África les hace reflexionar y sin duda les llega al corazón. Y es que como dice el refrán, una imagen vale más que mil palabras.

4. Determinados programas o películas pueden servirle para introducir ciertos temas o debates. Así, por ejemplo, puede ver con ellos una película que trate sobre el racismo y acto seguido preguntarles su opinión y hablar sobre ello. Recuerde, no obstante, que debe seleccionar bien el material. También puede utilizar la televisión como excusa para realizar con ellos otras actividades. Si han visto un programa sobre el cuerpo humano, aproveche y llévelos al Museo de la Ciencia; o, si piensan ver una película que trata sobre el antiguo Egipto, llévelos a un museo donde entre otras cosas puedan ver algunas esfinges y momias egipcias.

5. Siempre que vayan a ver una película que esté basada en un libro, cómpreselo y déselo para que lo lean. De este modo estará desarrollando su interés por la lectura.

6. La televisión puede servir también para pasar una divertida velada en familia. Escoja una buena película o un programa que guste a todos, haga palomitas o prepare unas galletas caseras, apague las luces para que la atmósfera sea más íntima y siéntese con ellos. Puede ser realmente fantástico.

REGLAS BÁSICAS PARA VER LA TELEVISIÓN

1. Deben pedir permiso para encender el televisor, especialmente los más pequeños.

2. No deben cambiar el canal sin consultarlo antes con todos los que estén mirando la televisión.

---

3. Debe quedar claro que el mando a distancia no es propiedad de nadie y que sólo se utilizará para cambiar el canal cuando todos estén de acuerdo. Si no hay consenso, decidirán los padres. Cuando los hijos tengan cierta edad, podemos optar por asignar un día de la semana a cada miembro de la familia; de esta forma todos podrán tener el privilegio de escoger cuando no haya consenso.

4. El volumen no debe estar nunca más alto de lo necesario. Esto es muy importante; los niños deben entender que pueden molestar a los vecinos y que es malo para sus oídos. Si cuando usted sale de la habitación suben el volumen automáticamente, apágueles el televisor; les quedará claro que la cosa va muy en serio.

5. Deben sentarse de modo que todos puedan ver, sin molestarse los unos a los otros.

6. Deben respetar la distancia que usted fije. Sentarse demasiado cerca del televisor perjudica enormemente su vista y puede provocarles dolor de cabeza.

7. Si hay alguien mirando un programa con interés, no deben molestarle ni hacer ruido porque sí. Si quieren hablar o jugar pueden ir a su habitación o a otra estancia.

CONSEJO ÚTIL

Preocúpese por lo que su hijo mira y por el tiempo que pasa frente al televisor; fije unas reglas y asegúrese de que sus hijos las cumplen a rajatabla.

8. EL COMPLEJO MUNDO

DE LOS ORDENADORES

Hoy en día, el ordenador se ha convertido en una herramienta de trabajo más que está presente en la mayoría de los hogares. Además, forma parte de la vida de nuestros hijos desde muy temprana edad: en el colegio les enseñan a utilizarlo, a partir de cierta edad hacen sus trabajos con él y, lo más importante de todo, les permite divertirse con sus juegos preferidos. Así pues, es absolutamente normal que conozcan mejor que nosotros su funcionamiento y sus posibilidades, y que les encante pasarse horas jugando con él. Ahora bien, un ordenador cuesta dinero, bastante dinero, y por tanto debe utilizarse correctamente. Es importante que fijemos las reglas desde el primer día; de este modo todo el mundo sabrá a qué atenerse y nos evitaremos muchos problemas y discusiones. Puede confeccionar un cartel con las reglas y pegarlo junto al ordenador. Al cabo de un tiempo, todo el mundo se las sabrá de memoria, incluso los amiguitos de nuestros hijos.

NORMAS DE USO DEL ORDENADOR

1. Siempre tendrá preferencia la persona que lo necesite para trabajar a la persona que lo quiera para jugar. Si papá

tiene que hacer un informe, quien lo esté usando deberá levantarse de la silla y dejarlo libre; si uno de los niños tiene que presentar un trabajo, los demás le dejarán trabajar en paz. Si alguien hace trampas y lo utiliza para jugar o como entretenimiento cuando supuestamente lo necesitaba para trabajar, será castigado.

2. No se puede beber ni comer cerca del ordenador. Si los niños empiezan a jugar con él mientras meriendan o con los dedos llenos de aceite porque están zampándose una bolsa de patatas fritas, terminará estropeándose.

3. Antes de encender el ordenador, hay que lavarse y secarse bien las manos. De lo contrario, el teclado estará siempre pringoso y la pantalla llena de manchas.

4. Hay que dejarlo todo tal y como estaba. Cuesta mucho conseguir que los niños guarden las cosas en su sitio y lo dejen todo recogido, pero hemos de intentarlo. Mientras sean pequeños podemos ayudarles a hacerlo y explicarles las veces que sean necesarias lo importante que es ser ordenado. Cada vez que hagan algo ellos solos, hágales saber que se siente muy orgulloso.

5. No se pueden fisgonear los archivos de los demás. (Si hay algo que no quiere que vean bajo ningún concepto, le aconsejo que utilice un *password* o contraseña.)

CONSEJO ÚTIL

No instale el ordenador en la habitación de los niños porque asumirán que es suyo. Colóquelo en un espacio que utilice toda la familia y entenderán que deben compartirlo.

9. ¿QUÉ HARÁ EL NIÑO SIN MÍ?

Los bebés suelen protestar la primera vez que los dejamos en brazos de un extraño. Debemos tener en cuenta, no obstante, que es conveniente que nuestro hijo experimente la idea de separación tan pronto como sea posible. Si el niño crece y se independiza de los padres de un modo gradual y lógico, no tiene por qué experimentar ningún trauma. Además, si empezamos a separarnos de él desde muy temprana edad, nos será más fácil detectar cualquier cambio de actitud por su parte. Es muy importante que el proceso sea gradual.

DISTINTOS GRADOS DE SEPARACIÓN ENTRE EL NIÑO Y LA MADRE

- Deje que un extraño lo coja en brazos.
- Hágalo dormir en su propia habitación.
- Déjelo unos minutos en otra habitación con un familiar o amigo.
- Deje al niño en una habitación mientras usted se encuentra en otra estancia de la casa; la primera vez tan sólo durante unos minutos y después vaya aumentando el tiempo.

- Déjelo en casa con alguien que no sea ni el padre ni la madre.
- Sepárese de él durante un período cada vez más largo, hasta pasar un día entero lejos de él.
- Llévelo a una guardería o al parvulario.
- Deje que pase una noche en casa de un amiguito o de algún familiar.
- Ocúpese de que empiece la educación primaria.
- Deje que pase varios días fuera de casa (que vaya de convivencias, que pase unos días en casa de un amigo durante las vacaciones, que vaya a esquiar con el colegio, etc.).
- Deje que vaya de compras por el barrio.
- Permítale coger los transportes públicos solo.
- Ocúpese de que empiece la educación secundaria.

Es normal que al separarnos de nuestro hijo experimentemos tristeza e inquietud, porque nos preocupa lo que pueda ocurrirle y cómo pueda afectarle todo ello. Y también porque nos da miedo enfrentarnos a lo que vamos a sentir cuando no tengamos al niño cerca de nosotros. Sin embargo, debemos tener presente que un padre debe ser capaz de controlar sus sentimientos. Lo único que conseguiremos si nuestro hijo se da cuenta de que lo estamos pasando mal, es que él lo pase peor y se sienta todavía más confundido. Está claro que retrasar lo inevitable tan sólo sirve para prolongar la agonía. Así pues, planifique lo que va a hacer, explíqueselo a su hijo y, sobre todo, no se dé por vencido.

CONSEJO ÚTIL

Recuerde siempre que los hijos no son una posesión, sino individuos a los que hemos de ayudar a crecer y madurar.

10. LA ELECCIÓN DE LA CANGURO

Los niños deben independizarse poco a poco de los padres. Y dentro de ese proceso, las canguros y las niñeras no son más que otra pieza. Mientras el bebé tiene menos de seis meses no suele rechazar la presencia de personas extrañas; los problemas surgen después. Sin embargo, no debe permitir que ello le afecte demasiado. Deje que su hijo y la canguro se conozcan y explíquele a ésta la rutina cotidiana del pequeño. Intente que las primeras separaciones sean breves y después vaya aumentando paulatinamente el tiempo que pasa fuera. Si cuando usted se va de casa el niño está triste pero al cabo de poco rato se calma, no se preocupe. Y recuerde que usted debe tomarse un respiro de vez en cuando. Es imprescindible para conservar la cordura y poder seguir ejerciendo el duro trabajo de ser padre.

ELEGIR LA CANGURO ADECUADA

Una vez hemos decidido que ha llegado el momento de dejar a nuestro hijo con una canguro, el problema es encontrar una que nos guste. Ante todo, debe ser alguien en quien podamos depositar toda nuestra confianza. Pero ello no basta. A los niños les encanta llevar una vida rutinaria y perfectamente predecible. Así pues, es igualmente importante que nuestro modo de ver las cosas y el de la canguro se asemejen un poco. Y que sea siempre la misma persona, y no cada día una distinta. De lo contrario, es posible que el niño no sepa a qué atenerse y acabe sufriendo ciertos trastornos. En cualquier caso, debemos tener claro que cuanto más tiempo pase nuestro hijo con una canguro o niñera, más influencia ejercerá ésta sobre él.

La elección dependerá también del tiempo que deban pasar con dicha persona. Si se trata de una canguro esporádica para las noches que los padres deciden salir, puede ser una persona relativamente joven; para los niños será como si se tratase de una hermana mayor con la que pueden reírse y conectar rápidamente. Si deben estar con ella muchas horas, quizás sea mejor una persona adulta capaz de entender y aplicar la disciplina de los padres. No obstante, somos nosotros los que debemos valorar los pros y los contras y decidir qué es lo más aconsejable.

Piense que, cuando los niños sean un poco mayores, pueden tener en cuenta su opinión; piense que si la canguro es alguien que les gusta, se sentirán más cómodos y desarrollarán sentimientos y actitudes positivas. Si por el contrario es alguien que no les agrada, es probable que se dediquen a hacerle la vida imposible o que muestren un comportamiento negativo.

CONSEJO ÚTIL

No se sienta culpable por dejar a sus hijos con una canguro. Piense que les está facilitando el camino hacia su independencia.

11. QUIEN ALGO QUIERE, ALGO LE CUESTA

Nuestros hijos deben comprender que nuestros ingresos son limitados y que, por lo tanto, no podemos comprar todo lo que nos pidan ni concederles cualquier capricho que les pase por la cabeza. Tenemos que explicarles cuánto dinero ganamos y cuánto suben las facturas que hemos de pagar –la luz, el agua, la electricidad, el préstamo hipotecario, los colegios, etc.–. No se trata de abrumarlos con nuestros problemas económicos, sino de que conozcan la situación financiera de su familia y aprendan a seleccionar aquello que realmente necesitan. Debe dejarles claro desde un principio que, sean cuales sean sus circunstancias, no está dispuesto a comprarles todo lo que le pidan. No se deje convencer por sus protestas o por las presiones de la publicidad. Explíqueles el porqué y dígales que no tantas veces como sea necesario. Si se ponen impertinentes, no les haga caso. Y si ello le hace sentirse mal, piense que es por su bien.

LA SEMANADA

Un buen método para que aprendan a valorar el dinero en su

justa medida puede ser darles una semanada. Los niños pueden empezar a recibir una cantidad de dinero fija a la semana a los seis años, justo cuando empiezan a ir al colegio. Siempre que le parezca razonable, déles una cantidad parecida a la que reciben los otros niños de la clase. Si tiene varios hijos, la cantidad puede variar de acuerdo con la edad. Lo más probable es que al más pequeño no le parezca justo y que el mayor nunca tenga suficiente. Cuando se quejen, dígales que si ahorran lo suficiente podrán comprar otros padres, pero que, hasta que llegue ese momento, usted seguirá poniendo las reglas.

A menudo ocurre que sus hijos deciden gastarse el dinero de la semana en algo que usted considera una tontería. Piense, no obstante, que se trata de su dinero y que, en principio, debemos respetar sus decisiones. De todos modos, podemos poner ciertas limitaciones. Así, por ejemplo, podemos prohibirles que se compren una serpiente y la traigan a casa; o que se lo gasten todo en una escopeta de aire comprimido nueva. Asimismo, puede controlar la cantidad de chucherías que se compran. Trate de hacer ver a sus hijos que si se lo gastan todo nunca conseguirán ahorrar para cuando quieran comprarse algo especial o para salir con los amigos. De todos modos, tenga presente que para aprender es necesario cometer algunos errores. Si trata de controlarles demasiado lo único que conseguirá es que se enfaden con usted.

1. El dinero sirve para comprar cosas; cuando compramos algo en una tienda lo pagamos con dinero.
2. Los cheques equivalen a dinero.
3. Las cosas que compramos con una tarjeta de crédito también las pagamos con dinero, aunque tardemos un tiempo en hacerlo.

4. Mucha gente guarda sus ahorros en el banco por razones de seguridad.
5. Sólo podemos sacar dinero de un cajero automático si previamente lo hemos depositado en el banco.

CONSEJO ÚTIL

No ceda sistemáticamente a los caprichos de su hijo; de lo contrario éste acabará pidiéndole la luna.

12. NO SÉ QUÉ JUGUETES COMPRAR

A priori, cualquier juguete puede ser educativo. Ahora bien, deberemos evitar aquellos que sean excesivamente bélicos o diabólicos, ya que el mensaje que se desprende de ellos es que la violencia y la maldad son valores positivos. Mientras juega, el niño debe aprender a construir, a pensar, a reflexionar y a cuidar de su entorno inmediato, así como a apreciar la belleza. Para un niño pequeño, una piedra, una joya y un cubo de plástico tienen el mismo valor y pueden ser igual de fascinantes. Los niños son capaces de entretenerse con cualquier cosa. A medida que crecen, no obstante, van perdiendo esa capacidad de entretenerse con los objetos más simples y buscan otro tipo de distracciones. Es entonces cuando ha de intervenir el sentido común de los padres.

EL PODER DE LA PUBLICIDAD

Lo primero que debemos hacer es tratar de evitar que nuestros hijos se vean abrumados por la publicidad. Las campañas televisivas son cada vez más insistentes e impresionantes. Podemos sentarnos con ellos a ver los anuncios y comentar los pequeños trucos de la pequeña pantalla, por ejemplo, cuando aparezca una nave espacial espectacular cruzando el espacio sideral o un coche de carreras en el circuito de Jerez. Muchas veces los niños se sienten atraídos por el juguete a causa del montaje que ven en la pantalla y una vez lo consiguen no saben qué hacer con él. Hágales fijarse en el precio –ese número pequeñito que apenas si se ve– y discuta con ellos el número de semanadas que necesitarían para comprárselo ellos mismos. Finalmente, pregúnteles si lo quieren realmente o si simplemente se han dejado manipular por el anuncio.

CARACTERÍSTICAS POSITIVAS EN UN JUEGO

Debemos enseñar a nuestros hijos a inventar sus propios juguetes y a jugar con otros niños, sobre todo al aire libre. Un buen juguete debe permitir que el niño desarrolle su imaginación. Un coche de plástico en el que aparezca hasta el más mínimo detalle le gustará, pero es probable que prefiera un coche de madera sencillo que le permita dar rienda suelta a su imaginación. De este modo será él quien decida si es un vehículo espacial, un camión para transportar ganado o un magnífico coche de carreras.

Preferiremos siempre juguetes que estimulen su mente y sus sentidos, como, por ejemplo, los cuadernos para colorear, los lápices de colores o Plastidecor, la plastelina, el barro, los muñecos, los libros, las pinturas, los juegos de construcción, los rompecabezas, los instrumentos musicales, las pelotas, los triciclos y bicicletas, las pizarras, las tiendas de campaña, etc. Hemos de tener mucho cuidado con el sello de «juguete educativo»; muchas veces es un simple truco comercial y no tiene nada que ver con la función pedagógica del juego en cuestión.

Es igualmente importante que los juguetes sean apropiados a la edad del niño. Si regalamos una casa de muñecas a una niña de cuatro o cinco años, no sabrá qué hacer con ella; y si compramos un microscopio a una de seis, lo más probable es que acabe rompiéndolo o abandonándolo en algún rincón del armario.

CONSEJO ÚTIL

Juegue siempre que pueda con su hijo. Será muy gratificante para él y también para usted.

13. NO ME HAN DICHO QUE HABÍAS LLAMADO

Imagínese que llega a casa después de una dura jornada de trabajo o de hacer la compra para toda la semana. Saluda a sus hijos y les dice que va a darse una ducha de agua caliente y a ponerse algo más cómodo. Cuando están a medio cenar, suena el teléfono y entonces nuestro hijo nos mira y dice: «Ah, ha llamado la abuela». Como era de esperar, es la abuela la que llama, desesperada, pensando que su hija o su hijo se han olvidado por completo de ella o han sufrido un accidente terrible. A un niño le cuesta mucho recordar y dar un mensaje a un adulto. Ello se debe, en parte, a que si el mensaje no es para ellos no les parece lo suficientemente importante. Los niños son egocéntricos y no pueden entender que haya cosas que a los demás –especialmente a sus padres– les interesen o preocupen más que ellos, sus hijos. Explíqueles que puede tratarse de una urgencia o de una llamada que para usted signifique mucho.

ADOPTE UNA ACTITUD POSITIVA

Trate de facilitar las cosas a sus hijos. Dejaremos junto a cada teléfono una libreta y un lápiz o bolígrafo, para que puedan anotar los recados. Le aconsejo, asimismo, que les enseñe a hacer anotaciones; quizás le parezca ridículo, pero recuerde que nadie nace enseñado y que con ello les estará ayudando a sentir más confianza en sí mismos. Explíqueles que los mensajes deben ser escuetos y contener la información básica; además deben escribirlos con letra clara, para que cualquiera pueda entenderlos (no sólo la maestra que conoce su letra y es capaz de descifrarla). Debajo de cada mensaje pueden trazar una línea, para que la información de uno no se confunda con la del otro; incluso pueden numerarlos. Dígales también que no deben arrancar la hoja de la libreta, porque si lo hacen es probable que acabe perdiéndose entre sus cosas. Para ayudarles a coger el hábito de anotar los recados, puede pegar un cartel junto al teléfono que ponga algo así como: «Por favor, rogamos escriba el mensaje en la libreta que hay junto al teléfono. Sus padres se lo agradecerán eternamente». Cuando llegue a casa, deberá hacerles siempre la misma pregunta: «¿Ha llamado alguien?». Insista. Si sus hijos están delante del televisor o jugando con un videojuego, le oirán pero no le escucharán. Oblígueles a prestarle atención durante unos segundos y repita la pregunta. Le aconsejo, asimismo, que cuando alguien llame preguntando por su hijo y deje un recado para él siga los consejos expuestos más arriba y anote el mensaje en un papel. Recuerde que un ejemplo vale más que mil palabras.

A partir de cierta edad puede enseñar al niño que, según de qué se trate, además de anotar el mensaje puede tratar de obtener más información al respecto. Si considera que es una urgencia, deberá tratar de localizarles a usted o a su esposa.

CONSEJO ÚTIL

No riña nunca a su hijo por algo que
debería haber hecho y no ha hecho,
y que a usted también se le olvida
hacer.

14. ¿Y SI LES PASA ALGO?

¿A qué edad podemos dejar a nuestros hijos solos en España? La ley no dice nada concreto al respecto. No obstante, si nuestro hijo sufre algún percance estando solo en casa, podemos tener serios problemas. La verdad es que muchos de nosotros los hemos dejado solos durante algunos minutos mientras íbamos a comprar el pan o a recoger el abrigo a la tintorería o íbamos por café. No tenemos por qué sentirnos culpables; ahora bien, debemos hacer todo lo que esté en nuestra mano para evitar posibles desgracias.

SEA PRÁCTICO

Lo primero que debemos hacer es confeccionar una lista de personas a las que los niños pueden recurrir si surgiera alguna emergencia; anote sus números de teléfono y déjela siempre cerca de su aparato, en algún lugar donde los niños lo sepan. Tenga prevista alguna solución por si el teléfono no funcionase; hable con algún vecino en el que confíe plenamente y diga a sus hijos que se pongan en contacto con él si no pueden utilizar el teléfono. Antes de salir de casa, repase con ellos todo lo que pueden hacer y todo lo que no. Así, por ejemplo, no deben cocinar, no deben enchufar la plancha y tampoco deben darse un baño; si tienen edad suficiente, explíqueles las razones. Cuénteles también lo que sí pueden hacer, por ejemplo, mirar la televisión (estarán distraídos y no se preocuparán innecesariamente), llamar a sus amigos por teléfono (a no ser que hayamos quedado en llamarles para ver si todo va bien), comer fruta o cereales (o cualquier cosa que no precise ser cocinada o calentada), y escuchar su música preferida (siempre que el volumen sea razonable). Trate de no dejar a su alcance cuchillos, tijeras, cerillas, productos de limpieza que puedan ser tóxicos, medicinas, bolsas de plástico, cuerdas o determinados juguetes. Asimismo, compruebe que todas las ventanas están cerradas y tengan el seguro puesto, y que, una vez sale de casa, la puerta queda bien cerrada.

Por desgracia, a veces no basta con tomar ciertas precauciones. Antes de empezar a dejarles solos, debemos enseñarles todo lo necesario para que si ocurre alguna desgracia sepan qué deben hacer o a quién deben acudir.

QUÉ HACER EN CASO DE:

1. INCENDIO: Haga algún simulacro de incendio y asegúrese de que saben cómo salir de casa. Puede plantearlo como un juego y empezar a hacerlo cuando todavía son pequeños, aunque aún no tenga pensado dejarlos solos. Así, para cuando llegue el momento, tendrán bien aprendida la lección. Si fuera necesario, pida consejo al departamento de bomberos de su localidad.
2. LLAMADAS OBSCENAS: Si reciben alguna llamada obscena, deben colgar y llamarle inmediatamente a usted

---

o a la persona que hayan acordado. La persona que llama puede estar simplemente bromeando, pero también cabe la posibilidad de que esté merodeando cerca de casa.

3. INTRUSOS: Si mientras sus hijos están solos en casa alguien trata de entrar, deben llamar en seguida a la policía (no olvide decirles cuál es el número). Siempre que sea posible, debe enseñarles a salir de casa y dirigirse a algún lugar seguro. Coja un teléfono de juguete o desconecte el aparato y simulen que hace esa llamada. Debe quedarles claro, no obstante, que sólo deben llamar a dicho número en caso de emergencia real; explíqueles que la policía puede averiguar fácilmente quién ha hecho la llamada.

4. SI LLAMAN A LA PUERTA: Si llaman a la puerta y sus hijos no esperan a nadie, no deben abrir ni dar señales de vida. Piénselo bien; si vienen a traer un paquete, ya lo volverán a traer; si es alguien conocido, puede llamar por teléfono y volver más tarde; si se trata de alguna emergencia, la policía o los bomberos sabrán mejor que ellos qué deben hacer. Si la persona insistiera, dígales que le llamen y le expliquen lo que sucede.

5. ESCAPE DE AGUA: Explique a sus hijos dónde está la llave principal del agua. Enséñeles a cerrarla y a recoger el agua que haya podido acumularse en el suelo. Deben llamarle inmediatamente o avisar a algún vecino; si son suficientemente grandes, pueden avisar ellos mismos al fontanero. Deje siempre a mano el número de su fontanero habitual o de algún servicio de urgencias. Llévelo también encima, porque si los niños son pequeños le tocará a usted hacer la llamada.

6. SI ENFERMAN DE REPENTE: Deben llamarle inmediatamente o avisar a alguien de confianza. Explíqueles que no deben tratar de automedicarse bajo ningún concepto. Cuando hable con ellos, trate de tranquilizarlos. Si tienen edad suficiente, déjeles a mano el número de urgencias o del servicio de ambulancias.

En resumen, no hay una edad determinada para empezar a dejarlos solos. Una vez más deberemos tener en cuenta lo que nos dicte nuestro sentido común y aspectos como el carácter de nuestro hijo, su grado de madurez, el lugar donde vive y los vecinos en que podamos confiar.

CONSEJO ÚTIL

A los padres siempre nos da miedo dejar a los hijos solos en casa, pero hemos de ser realistas y pensar que algún día deberemos empezar a hacerlo. En vez de preocuparse inútilmente y posponerlo, enséñeles a valerse por sí mismos. De lo contrario, nunca serán personas responsables.

15. QUIERO QUE PAPÁ VUELVA A CASA

Cada vez son más las parejas que se divorcian o separan, por lo que son muchos los padres e hijos que se enfrentan con el problema de la ruptura y con otros, como la custodia de los niños, la ausencia de uno de los cónyuges o la aceptación de un padrastro o una madrastra. De hecho, la palabra divorcio casi siempre es sinónimo de crisis, tanto para unos como para otros. Por esto es tan importante la forma de abordarlo, porque si no lo tratamos bien puede ser una experiencia terriblemente traumática. Está claro que el niño debe aceptar el hecho de la separación, pero no debemos olvidar que seguirá necesitando el amor de ambos cónyuges. El divorcio es una cuestión de los padres y, por tanto, no debería afectar la relación de éstos con sus hijos.

POSIBLES REACCIONES

Los niños pueden reaccionar de formas muy diversas cuando sus padres se divorcian. No hay ninguna regla fija y no tienen que ser necesariamente negativas. Existen diversos indicios, no obstante, que deberían alertarnos. Algunas de las reacciones típicas son encerrarse en sí mismo, aferrarse tanto a la madre como al padre, volverse irritable, volverse violento, estar triste y llorar con frecuencia, sacar malas notas, echarse la culpa de todo lo que pasa, enfrentar al padre y a la madre, quejarse, escaparse de casa, enfermar o incluso tratar de suicidarse pensando que de este modo conseguirá que sus padres vuelvan a estar juntos, no comer, estar malhumorado, sentirse culpable y responsable de la ruptura, dejar que los demás niños abusen de él utilizando el divorcio como excusa, sentir rencor, portarse mal y no obedecer. Asimismo, algunos hijos de divorciados parecen más maduros que los demás niños de su edad. En parte lo son, ya que la desmitificación prematura de los padres les obliga a ser más independientes. Esto no quiere decir, sin embargo, que precisen menos afecto, sino más bien todo lo contrario. Tras la máscara de supuesta madurez o indiferencia suele haber una persona que se siente herida y trata de protegerse.

CÓMO EVITAR LOS TRAUMAS

Para evitar que nuestro divorcio sea una experiencia traumática para nuestros hijos, deberíamos tener en cuenta las siguientes consideraciones:

1. Debemos anteponer la felicidad de nuestro hijo a los viejos rencores y a los deseos de venganza. Todo resultará más fácil si conseguimos mantener una relación amistosa con nuestro ex cónyuge y abordamos con él o ella la educación de nuestros hijos.
2. No utilice a su hijo como un arma para destrozar a su antiguo/a compañero/a. No trate de comprarlo con regalos ni

mostrándose excesivamente indulgente. Piense que cualquier niño, sea hijo de padres divorciados o no, necesita saber que todo tiene un límite. De lo contrario, no sabrá a qué atenerse y es probable que lo acabe pasando muy mal.

3. Aunque sea pequeño, explíquele lo que ocurre; si no, acabará sintiéndose muy desgraciado y creyendo que nadie le hace caso ni se preocupa por lo que piensa o siente. Que sea pequeño no quiere decir que no sea capaz de entender la situación; además, es parte implicada y por lo tanto tiene todo el derecho a expresar su opinión.

4. En este sentido, los padres deben tratar de entender lo que siente su hijo y respetar sus sentimientos, sean cuales sean. Al fin y al cabo, ellos no tienen ninguna culpa y, no obstante, tienen mucho que perder.

5. Explíqueles que podrán ver siempre que quieran tanto a su padre como a su madre y conservar la relación que tuviesen con ellos. Ello implica no hacerles preguntas injuriosas sobre nuestro ex cónyuge ni someterlos a sobornos vergonzosos.

6. Si usted es el padrastro o la madrastra, sepa que le toca desempeñar un papel muy difícil. Hemos de tener claro que no podemos ni debemos sustituir al padre ni a la madre; de lo contrario estaremos condenados a oír frases como: «Tú no eres mi padre o sea que no tengo por qué escucharte» o «Tú no eres mi verdadera madre o sea que déjame en paz». Piense que puede ser un referente muy importante para su hijastro y encarnar el modelo paterno o materno que a éste le falta, pero para ello no le hace falta hacerse pasar por uno de los progenitores.

Así pues, evitar que la separación sea una herida traumática para nuestros hijos depende en gran medida de nosotros, los padres. Y debemos tener presente que podemos dejar de ser marido y mujer, pero que no por ello dejamos de ser padre o madre.

QUINCE COSAS QUE DEBEMOS DECIR A NUESTROS HIJOS SI PENSAMOS DIVORCIARNOS

1. Los dos te queremos mucho y vamos a seguir queriéndote.
2. Eres el fruto de nuestro amor, y eso no hay nada que pueda cambiarlo.
3. No es culpa tuya.
4. Siempre te ayudaremos y te protegeremos.
5. Nunca volveremos a vivir juntos como marido y mujer.
6. Hemos dejado de ser marido y mujer, pero no hemos dejado de ser tu padre y tu madre.
7. Trataremos de ocuparnos conjuntamente de todo aquello que tenga que ver contigo.
8. No nos criticaremos ni insultaremos el uno al otro.
9. Podrás visitar a tus abuelos y a tus tíos siempre que lo desees.
10. No tienes por qué escoger entre papá y mamá. Nos seguirás teniendo a los dos para todo aquello que necesites.
11. Papá apoyará las reglas de mamá, y viceversa.
12. Los dos queremos que te vaya bien en el colegio, y en la vida en general.
13. No queremos que tengas problemas a causa de nuestro divorcio, ni tampoco que lo utilices a modo de excusa.

14. No sabemos qué ocurrirá más adelante, pero te lo comunicaremos tan pronto como lo sepamos.
15. Puedes amar y respetar a tu madrastra o padrastro sin sentirte culpable y sin perdernos a nosotros.

CONSEJO ÚTIL

Si utiliza a sus hijos para vengarse de su ex cónyuge, éstos acabarán acusándole y le perderán el respeto que le tenían.

16. TÚ NO ERES MI PADRE

El papel de padrastro o madrastra es siempre un papel difícil.
No obstante, el grado de dificultad depende en gran medida de
la edad del niño. Cuanto más pequeño sea éste, más fácil le
resultará aceptar la nueva situación; siempre, claro está, que el
cónyuge con el que vive le haya ayudado a superar con éxito
la muerte de su padre o madre biológicos, o el trauma del
divorcio. Hemos de pensar que tanto la muerte como el divorcio son temas que al niño le cuesta entender y que, por lo tanto,
le provocan una gran inestabilidad emocional. Además, la apa-
rición de una tercera persona implica una menor dedicación
hacia el niño por parte de la madre o padre biológicos, que
están muy ocupados consolidando su nueva relación y consecuentemente dedican la mayor parte de sus energías a ello. Así
pues, aquél se siente abandonado y resentido, y descarga su ira
sobre el recién llegado, al que considera culpable de todos sus
males.

ACTITUD QUE DEBE ADOPTAR

Uno de los problemas más comunes es que los padrastros y las madrastras suelen traer consigo nuevas ideas sobre la disciplina y el cuidado de los niños, hecho que acaba confundiéndolos y creándoles serias contradicciones. Por supuesto, no se trata de dejar al nuevo miembro al margen de la educación de los niños, pero éste debe vigilar y tratar de ser respetuoso con las reglas de su nueva familia. Lo normal es que asuma las funciones propias de la figura materna o paterna, pero sin tratar de sustituir nunca al cónyuge ausente. Tampoco es aconsejable establecer comparaciones entre el padre biológico y el padre adoptivo, ya que se trata de dos personas distintas y para el niño deben ser perfectamente compatibles.

El padrastro o madrastra debe ir asumiendo las obligaciones propias de su papel de un modo gradual y lógico, nunca de repente o bruscamente. Recuerde que para que el niño se sienta seguro, ambos padres, sean éstos los biológicos o uno de ellos biológico y el otro adoptivo, deben estar de acuerdo en el modo de educarlo y de ayudarlo.

POSIBLES CAUSAS DE UN RECHAZO PROLONGADO

1. Es posible que la madre o el padre biológico sigan sintiéndose terriblemente afligidos. Los niños son muy sensibles y perciben más de lo que pensamos, sobre todo cuando son pequeños.
2. Si no dejamos que nuestro hijo vea a nuestro ex cónyuge con normalidad, el primero puede reaccionar rechazando al padre o la madre que tratan de imponerle.
3. También cabe la posibilidad de que el mal comportamiento que empezó a consecuencia de la separación se haya convertido en un hábito. En ese caso deberemos ser inflexibles en todo lo relativo a la disciplina.

4. El sentimiento de culpa puede hacer que los padres sean excesivamente permisivos, hecho que sólo consigue empeorar las cosas. Cambie de actitud y ayude de verdad a su hijo.

CONSEJO ÚTIL

No trate de ser nunca algo que no es. En vez de intentar ser su padre, preocúpese por ser un buen padrastro.

17. MAMÁ ESTÁ EN EL CIELO

Una de las tragedias más grandes con las que puede enfrentarse un niño es sin duda la muerte del padre o de la madre. Por un lado, deberá afrontar el tema de la muerte, un hecho que le resulta del todo insólito e incomprensible, y, por otro, la nueva situación familiar. Y es que la muerte, como es natural, afecta también al cónyuge que ha enviudado. Si muere el padre, la madre, al quedarse sola y para no verse desbordada, suele reforzar su autoridad traicionando su condición femenina y maternal. Es probable que trate de suplir la ausencia del padre con un exceso de autoritarismo que suscitará en el niño temores o una profunda insatisfacción afectiva. Si la madre se deprime y sucumbe a la melancolía o a la irritabilidad, se crea un clima de malestar perjudicial para el niño que ya de por sí se siente más vulnerable por la falta de un ideal varonil. Si el que enviuda es el padre, los niños sufren igualmente un serio trastorno y adoptan una conducta extraña. Las niñas a menudo intentan ocupar inconscientemente el lugar de la madre y establecen una relación demasiado íntima con el padre. Éste no debe nunca alentar dicha fijación, ya que de lo contrario su hija puede tener serios problemas cuando alcance la adolescencia. En el niño, la falta de ternura materna puede provocar una actitud de oposición al padre. La reacción de un niño ante la muerte del padre o la madre dependerá en gran medida de la edad que tenga. Así pues, debemos tener muy en cuenta este factor.

NIÑOS MENORES DE CINCO AÑOS

Explíqueles lo que ha ocurrido de un modo sencillo y concreto:

1. Dígale que ha muerto y que eso quiere decir que no regresará jamás.
2. Explíquele que usted está muy triste (no trate de ocultar sus sentimientos).
3. Déjele muy claro que no es culpa de nadie, porque si no podría pensar que es culpa suya y que si se hubiese comportado de otro modo nada de eso habría ocurrido.
4. No le diga que está durmiendo o que se ha ido a hacer un largo viaje o algún otro eufemismo de este tipo. De lo contrario, es posible que no quiera acostarse o irse de vacaciones por miedo a morir también.
5. Si es usted creyente, cuéntele lo que cree que le habrá ocurrido a la persona que ha muerto. Si cree firmemente que su mujer o su marido están en el cielo, o en las estrellas o que se han convertido en un espíritu, utilice dichas creencias para ayudar a su hijo.
6. Responda las preguntas que su hijo le haga. Sea todo lo directo y sincero que le sea posible. Si no conoce la respuesta, dígaselo.
7. Trate de explicarle que morir significa dejar de respirar, de comer y de sentir dolor. También significa no tener miedo, ni preocupaciones ni ningún tipo de problema.

8. Anímele a hablar de la persona que ha fallecido y a recordar cosas agradables acerca de ella.
9. Guarde fotografías de ella y ayude a sus hijos a recordar el aspecto que tenía, su forma de comportarse, su forma de hablar, su forma de reír, etc.

Es posible que, a pesar de todo esto, el niño siga sin comprender que su madre o su padre han muerto y que eso implica no volver a verlos jamás. No se sorprenda si cuando menos se lo espera le pregunta cosas como cuándo va a volver mamá o cómo se va al cielo. Tenga paciencia y demuéstrele en todo momento que le quiere y que siempre estará a su lado.

NIÑOS DE CINCO A DIEZ AÑOS

A esta edad los niños empiezan a entender que la muerte es algo irreversible. Les interesa sobre todo saber qué le pasa a la gente una vez se muere, y en muchos de sus dibujos aparecen lápidas y esqueletos. No se asuste, están tratando de averiguar más cosas y de ordenar sus ideas al respecto.

1. Responda todas sus preguntas acerca de lo ocurrido. Tiene muchas dudas y está tratando de entender lo que pasa.
2. Dígale que entiende que trate de negarlo, pero que por desgracia ha sucedido y no hay nada que usted pueda hacer para cambiarlo.
3. Explíquele que usted también piensa que no es justo y que también a usted le gustaría que no hubiese ocurrido, pero que no todo es justo en la vida.
4. No se enfade con él si se comporta como si no le importara o le diera igual. Es posible que de momento no sea capaz de

hacer otra cosa. Si esta actitud se prolonga demasiado, póngalo en manos de un profesional; éste le ayudará a expresar lo que siente al desbloquearse.

5. Ayúdele a recordar, enséñele fotografías, háblele de la persona en cuestión.

6. Puede llorar delante de él y demostrarle cómo se siente. Ello le ayudará a expresar lo que siente.

7. Trate de ayudarle a superar todos sus miedos. A esta edad, son conscientes de que también ellos podrían morir y ello les da pánico.

8. Si le pide algo que pertenecía a su marido o a su mujer, déselo. No piense que es un interesado ni que es un signo de crueldad. Es una reacción perfectamente natural. Para él es un modo de mantener vivo el contacto con dicha persona y de buscar consuelo.

A esta edad, es posible que el niño reaccione de un modo violento. Pero al mismo tiempo puede ser un gran consuelo para nosotros. Deje que le ayude en todo aquello que desee, desde preparar el café hasta escribir una carta. Les hará bien a todos. Asimismo, deje que intervenga en la planificación del funeral y en la elección de la ropa que llevará el difunto.

MÁS DE DIEZ AÑOS

A esta edad, los niños saben perfectamente qué significa la muerte y empiezan a preguntarse por el sentido de la vida y la muerte. Es posible que traten de ocuparse de todo lo relacionado con el entierro, para liberar al padre o a la madre de tan desagradable tarea. Asimismo, suelen reprimir sus propios sentimientos para no preocupar a los demás.

1. Explíquele detalladamente lo que ha sucedido.

2. Deje que le ayude con los preparativos.

3. Hable con su hijo de los aspectos más abstractos y filosóficos de la muerte.

4. Si empieza a hacer comentarios cínicos acerca de la muerte o a decir cosas como «¿Qué sentido tiene vivir si al final todos vamos a morir?», siéntese con él y trate de averiguar qué le pasa. Podrían ser un indicio de que tiene tendencias suicidas.

5. No se alarme si su hijo descarga toda su rabia e impotencia en usted. Quizás sea la única persona con la que puede hacerlo y lo más probable es que después se sienta terriblemente mal por haberlo hecho.

6. Cabe la posibilidad de que su hijo siga haciendo una vida normal. Si fuera así, es posible que se esté engañando a sí mismo y no quiera afrontar la realidad. De todos modos, también cabe la posibilidad de que tuviese algún problema serio con el difunto y se sienta realmente aliviado con su muerte.

7. Hay niños que empiezan a sacar malas notas, o se comportan de un modo extraño. Lo más probable es que el niño esté comprobando si sigue teniendo límites o si, al cambiar su realidad, estos límites han desaparecido.

Cuando el niño pierde al padre o a la madre, empieza a temer que le pase lo mismo con el que ha sobrevivido. Se pondrá histérico cada vez que éste se ponga enfermo o se retrase un poco, y nos hará preguntas como «¿Te vas a morir?» o «¿Qué me pasará si te mueres?». Demuéstrele su apoyo y asegúrele que no le va a pasar nada y que no está solo.

POSIBILIDAD DE UN NUEVO MATRIMONIO

Otro de los problemas característicos surge cuando el cónyuge superviviente decide volverse a casar. A los niños les cuesta aceptarlo porque les parece que al hacerlo traicionan a su verdadero padre o su verdadera madre. O simplemente, no quieren que haya más cambios en su vida, después de todo lo que han sufrido. Explíqueles que el hecho de querer a su nueva madre o a su nuevo padre no tiene nada que ver con ser leal o desleal, sino que es algo completamente natural. El hecho de querer a otra persona no implica dejar de querer a otra a la que llevamos más tiempo queriendo. Dígales que su verdadera madre o su verdadero padre siempre formarán parte de su vida y que no tienen por qué renunciar a ello.

CONSEJO ÚTIL

Si usted se hunde, sus hijos se hundirán con usted; si usted sale adelante, sus hijos también saldrán adelante.

18. CUANDO UNO MUERE, ¿QUÉ LE PASA?

Nuestros hijos deben crecer en un hogar feliz y positivo, pero también realista. La muerte provoca miedo tanto en los niños como en los adultos. Sin embargo, forma parte intrínseca de la vida y es tarea de los padres hacer que sus hijos puedan enfrentarse a ella de un modo sensato y lo menos traumático posible.

EL CONCEPTO DE MUERTE EN EL NIÑO

Hoy en día, los niños están familiarizados con la imagen de la muerte, ya que aparece continuamente en la televisión, en sus películas preferidas, en los periódicos y en las letras de las canciones de sus grupos favoritos. De hecho, es un tema del que se habla muchísimo. La ironía reside en que, hace cien años, los niños solían experimentar la desaparición prematura de algún hermano o el fallecimiento de algún abuelo que vivía en la misma casa, y sin embargo, en la actualidad son muy pocos los niños que han visto un cadáver de verdad. En el pasado, la muerte formaba parte de la vida familiar, mientras que hoy tratamos de no hablar de ella en presencia de nuestros hijos e incluso negamos su existencia. Esta paradoja hace que éstos a menudo tengan una visión poco realista de la muerte que raya en lo malsano. Así pues, es misión de los padres aclarar todas las dudas que tengan al respecto y hablar del tema de una forma clara y concisa. No es una tarea fácil, pero puede sernos de gran ayuda cuando sobrevenga alguna desgracia.

MISIÓN DE LOS PADRES

Debemos explicar a nuestros hijos que la muerte es un gran misterio y que por tanto los padres no pueden dar una respuesta definitiva. No lo confunda con excesivos tecnicismos; es preferible darles una explicación breve en forma de cuento. No dé detalles espeluznantes, ya que podría provocar en el niño fijaciones neuróticas. Dígale simplemente que un cuerpo muerto no siente nada de lo que ocurre a su alrededor y que se descompone de un modo natural, igual que las hojas o la hierba. Averigüe si el niño pregunta sobre la muerte porque le da miedo, por mera curiosidad o porque tiene algún tipo de confusión. Recuerde que los niños menores de seis años no entienden las ideas abstractas o excesivamente filosóficas, y que a veces no saben expresar lo que les preocupa. Piense que si su hijo pierde algún amigo o una persona a la que amaba va a necesitar todo su apoyo y comprensión; y que, aunque usted también lo esté pasando mal, al menos no se siente tan perdido y desorientado como su vástago. Póngase a su nivel y trate de ser concreto.

ALGUNAS SUGERENCIAS ESPECÍFICAS

1. Dígale a su hijo que sabe que está triste y, si usted también se siente apenado, que ya sabe que no le gusta que usted

esté triste. Explíquele que está tratando de superarlo y que le quiere muchísimo.

2. Hable con él de la persona que ha fallecido y trate de recordar tanto lo bueno como lo malo.

3. No ponga al difunto en un pedestal, ni haga sentir a sus hijos que deben llenar el espacio que éste ha dejado.

4. Dígale que no tiene por qué estar triste todo el día, que no pasa nada porque ría y lo pase bien. Si la persona que ha muerto nos quería, seguro que preferiría vernos contentos y felices, y no deprimidos y serios.

5. Exprese lo que siente y anime a su hijo a expresar sus propios sentimientos, sean los que sean.

6. Dígale que se alegra de que esté con usted; de lo contrario, el niño podría sentirse abandonado o tratar de hacer alguna barbaridad para recuperar nuestra atención.

7. Respete el modo de expresar los sentimientos de cada persona. Hay gente a la que le cuesta mucho llorar, pero eso no quiere decir que no sienta lo mismo que nosotros.

8. Si algún allegado está a punto de morir, hable de ello con su hijo. Cuando llegue el momento fatídico, estará más preparado.

9. Siempre que sea posible, deje que su hijo se despida de la persona que está muriéndose o acaba de morir. Es duro, pero también lo es ni siquiera poder despedirse por última vez.

10. Trate de mantener la rutina en casa. En medio del caos, el niño agradecerá que las comidas ó la hora de acostarse sigan siendo las mismas que antes.

11. Las vacaciones, los cumpleaños, las navidades y las celebraciones en general son momentos especialmente difíciles, sobre todo el primer año. Planee de antemano qué van

a hacer esos días y, decida lo que decida, trate de que sea algo divertido para los niños. De lo contrario, aborrecerán las celebraciones y seguirán pasándolo mal en cualquier fecha señalada.

12. Deje que el resto de la familia y sus amigos le echen una mano. Descubrirá que no está solo y se sentirá muy reconfortado.

13. Si fuese necesario, consulte con un profesional. A veces nos resulta más fácil hablar con un perfecto desconocido que con la gente que nos quiere y trata de ayudarnos. Los niños, a veces, temen hacer más daño a los suyos si les cuentan lo que les preocupa.

14. Si usted no puede con todo, trate de que sus hijos encuentren a alguien en quien confiar: un tío, un amigo de la familia, un profesor o su entrenador, por ejemplo.

15. Salga con sus hijos. Propóngales algo divertido y distinto, y háganlo todos juntos. Debe empezar una nueva vida con ellos y cuanto antes lo haga, mejor.

16. No trate de sobreproteger a sus hijos. Es mucho mejor para ellos que expresen el dolor que sienten y compartan con usted su pena.

CONSEJO ÚTIL

Hable con su pareja de los temas que puedan preocupar a su hijo. Si tiene clara cuál es su opinión al respecto, le resultará más fácil ayudar a su pequeño.

19. YA SE SABE, ES HIJO ÚNICO

Existe la creencia de que los hijos únicos suelen ser más mimados y consentidos que los niños que tienen más hermanos o hermanas. Es verdad que la realidad de un hijo único es distinta a la de un niño que forma parte de una familia numerosa, pero eso no quiere decir que pertenezca a una raza aparte ni que tenga que ser necesariamente un niño problemático y malcriado.

PRINCIPALES PROBLEMAS

El hijo único sabe que es muy importante para sus padres. Además, no puede discutir ni desahogarse con sus hermanos, por lo que los conflictos suelen ser a menudo muy violentos. En las familias numerosas los problemas suelen relativizarse más, mientras que en las que tienen un solo hijo todo suele ser más dramático.

Por otro lado, al hijo único le cuesta más autoafirmarse, delimitar su espacio dentro del contexto familiar. Los padres están constantemente encima de ellos y son su único punto de referencia.

ACTITUDES QUE NO DEBEN ADOPTARSE

Dice el refrán que todos los extremos son malos, y tiene razón. Algunos padres de hijos únicos optan por una educación muy permisiva para evitar cualquier tipo de conflicto o confrontación con el niño. Ceden a sus caprichos y le conceden todo tipo de privilegios. El resultado es un niño consentido incapaz de afrontar las dificultades y contratiempos propios de la vida.

En el extremo opuesto se encuentran los padres excesivamente estrictos, que comparan a su hijo con los demás continuamente porque quieren asegurarse de que su hijo triunfe en la vida: sólo tienen uno, de modo que no pueden correr el riesgo de fallar o equivocarse; sería catastrófico. El resultado suele ser un niño inseguro e infeliz, incapaz de satisfacer los delirios de grandeza de sus progenitores y, por lo tanto, tremendamente frustrado. Ambas posturas, queda claro, son igualmente erróneas y terriblemente perjudiciales para el niño.

Limítese a ser un buen padre, a quererle y a enseñarle todo aquello que debe aprender para poder salir adelante en la vida. Llévelo a la escuela maternal para que esté en contacto con otros niños desde su más tierna infancia, y fomente sus relaciones con sus primos, sus amigos del colegio y sus vecinos. Si se preocupa por promover sus relaciones con otros niños, no habrá nada sustancial que lo distinga de los otros niños.

CONSEJO ÚTIL

No sirve de nada tratar de escurrir el bulto para evitarse complicaciones. Los problemas que no afronte ahora tendrá que afrontarlos más adelante.

---

20. LOS NIÑOS SE RÍEN DE MÍ

La intimidación es un abuso de poder e implica agredir a alguien con la intención de herirle física, verbal o emocionalmente. Los niños abusones pueden actuar solos o en grupo, suelen tener la misma edad que la víctima o ser mayores que ésta, y pueden ser tanto niños como niñas. La intimidación no es nunca un incidente aislado, sino una situación que se repite sistemáticamente. La víctima suele tener alguna característica o rasgo especial que le distingue de los demás niños –por ejemplo, el color de su piel, su estatura, su peso, o su coeficiente intelectual–, y ello sirve de excusa al agresor. Este tipo de comportamientos puede tener graves consecuencias para la víctima ya que, si no intervenimos, acabará teniendo un concepto muy pobre de sí misma y siendo muy vulnerable.

MOTIVACIONES DE LOS NIÑOS ABUSONES

1. En el fondo se sienten inferiores. Abusar de los demás es el único método que conocen para sentirse superiores y más fuertes. Al final, se vuelven adictos a esta sensación de poder.

2. Les cuesta, o no saben cómo, expresar lo que sienten. Recurren a la violencia y a los insultos porque son sus únicas armas.

3. Se les dan mal los estudios y por tanto en el colegio tienen la sensación de ser unos incompetentes.

4. Se sienten amenazados porque su mamá está embarazada y van a tener un hermanito.

5. Se enfrentan con alguna desgracia personal, como la muerte de un ser querido o el haberse tenido que separar de su mejor amigo.

6. Son a su vez víctimas de algún tipo de abuso dentro del entorno familiar y ésa es su forma de vengarse de ello o del mundo en general.

7. Provienen de una familia que alaba las virtudes de la intimidación.

8. Son unos niños mimados y consentidos, y están acostumbrados a servirse de la intimidación para conseguir lo que quieren.

9. El grupo con el que va se dedica a intimidar a los demás; si él no lo hace, se quedará sin amigos.

CÓMO AYUDAR A SU HIJO

Hay niños que cuentan a sus padres lo que ocurre, otros que no lo hacen porque tienen miedo de las amenazas del agresor o porque están convencidos de que nadie puede ayudarles, y otros que ni siquiera saben cómo expresar lo que les está sucediendo. Si tienen asumido el rol de víctima, pueden llegar a pensar que se lo merecen o que es culpa suya. No hay nada que nosotros podamos hacer para garantizar que nadie abuse nunca de nuestros hijos, pero lo que sí podemos hacer es ayudarles a superar este tipo de situaciones y poner fin a su sufrimiento. Si queremos atajar el problema de raíz, lo primero que debemos hacer es detectar cualquier tipo de anomalía en su modo de comportarse.

Si cree que alguien está abusando de su hijo, hable con él. No se ande con rodeos; dígale que cree que hay alguien que se dedica a intimidarlo y que está muy preocupado. Si el niño se niega a hablar porque está demasiado asustado, dígale que no le importa esperar y que, cuando lo crea oportuno, puede contar cualquier cosa, sea la hora que sea.

Cuando descubra cuál es el problema, debe ayudar inmediatamente a su hijo. Dígale que ha hecho bien en contárselo y que juntos van a solucionar el problema.

SIGNOS QUE SE DEBEN TENER EN CUENTA

1. De repente, no quiere ir a la escuela, cambia de ruta al regresar a casa o nos pide que lo acompañemos cuando llevaba tiempo yendo solo la mar de contento.
2. Descubre que tiene más morados de los habituales o aparece con la ropa rota varias veces.
3. Pierde a menudo el dinero que le da para comprarse la merienda o la tarjeta del autobús.
4. Empieza a perder sus pertenencias o juguetes preferidos.
5. Pierde los estribos fácilmente o se pone a llorar de repente.
6. Cada vez se encierra más en sí mismo.
7. Empieza a tartamudear.
8. Tiene pesadillas o insomnio.
9. Empieza a sacar malas notas.
10. Trata de hacerse daño o empieza a hablar como si nada valiera la pena.

11. Trata de suicidarse (porque está tan desesperado que no sabe qué hacer).
12. Por las mañanas se encuentra mal.
13. Empieza a hacer novillos.
14. Deja de comer.
15. Está nervioso y triste.
16. Nos pide dinero o nos roba (el abusón le hace chantaje).
17. Se vuelve agresivo e incluso empieza a intimidar a otros niños.

CONSEJOS PRÁCTICOS CONCRETOS

Déle unos cuantos consejos prácticos para que vaya recuperando la confianza en sí mismo y enfrentarse de un modo efectivo con el agresor. Enséñele a andar erguido, demostrando que está seguro de sí mismo, en vez de encorvado y como si estuviese siempre asustado. Si su hijo es tímido y vergonzoso, deje que practique delante del espejo diciendo cosas como «Déjame en paz» o simplemente «No», en tono rotundo y claro. Asimismo, puede escenificar una escena intimidatoria y fingir que usted es la supuesta víctima; demuestre una actitud firme pero tranquila. Dígale que el abusón no debe notar que tiene miedo; debe guardar la calma, dar media vuelta y alejarse rápidamente. En caso de que el abuso sea verbal, enséñele a utilizar el sentido del humor; así, si suelen llamarle cuatro ojos porque lleva gafas, debe ser capaz de responder cosas como que le encanta, porque cuatro ojos ven mejor que dos. No le deje ir solo al lugar donde suele producirse la intimidación. Acompáñele usted o asegúrese de que vaya con sus amigos.

Dígale también que lo que le está sucediendo no es culpa suya y que, por supuesto, no tiene por qué seguir siendo así en un futuro. Dígale que le quiere y que puede contar con usted para todo, que está de su parte al cien por cien. Anímele a hacer otras actividades que le permitan desarrollar sus capacidades y hacer nuevos amigos, por ejemplo, jugar a baloncesto, ir a un centro excursionista, hacer teatro o practicar artes marciales. Invite a su mejor amigo o a su grupo de amiguitos. Ayúdeles a dejar cualquier mal hábito que pueda contribuir a que los demás abusen de él, por ejemplo, morderse el labio o hacer muecas cuando está nervioso. Si la situación empeora, no dude en pedir consejo a un profesional.

CÓMO ACTUAR CON UN HIJO ABUSÓN

Hasta ahora hemos visto el problema desde el punto de vista de la víctima. Imagínese, sin embargo, que un buen día descubre que el agresor es su hijo. Si fuera su caso, piense que no tiene por qué sentirse culpable, pero que tampoco puede quedarse con los brazos cruzados. Aparte de mantener la calma y tratar de analizar la situación con sangre fría, debería:

1. Averiguar todo lo que pueda al respecto, ya sea a través de su hijo o por medio de otras personas.
2. Hablar con su hijo y tratar de descubrir si éste tiene algún problema o ha sufrido algún tipo de abuso y, a su manera, está tratando de vengarse.
3. Trate de averiguar si su hijo es consciente de que está haciéndolo pasar mal a otros niños.
4. Siempre que sea posible, hable con los padres de la víctima y explíqueles lo que ocurre.

5. Explíqueselo también a sus profesores, dígales que está preocupado y trate de encontrar con ellos una posible solución o plan de ataque para que no vuelva a suceder.
6. Hable con su hijo y explíquele que, sea cual sea el problema, abusando e intimidando a los demás no conseguirá solucionar nada, sino únicamente empeorar las cosas.
7. Elabore un plan de ataque y recompénsele si se porta bien.
8. Pida a los profesores que le hagan llegar un informe diario o semanal para estar informado y para que vean que está dispuesto a hacer lo que sea necesario para que su hijo deje de comportarse de esa forma.

CONSEJO ÚTIL

No proteja en exceso a su hijo, pero esté atento a cualquier anomalía o cambio repentino. Sólo así podrá detectar los problemas y ayudarle a solucionarlos.

21. Y A MÍ, ¿POR QUÉ NADIE ME QUIERE?

Algunos niños tienen serios problemas cuando se trata de hacer nuevos amigos. De hecho, es algo que hay que aprender y que a unos les cuesta más que a otros. En cualquier caso, nosotros podemos ayudar a nuestros hijos a establecer relaciones positivas con los demás. Y cuando antes empecemos, mejor. Hemos de tener presente, no obstante, que no todos los niños tienen las mismas necesidades; algunos prefieren tener un amigo íntimo o un grupo pequeño de amigos, mientras que a otros les gusta ser amigo de todos y conocer a mucha gente.

PROBLEMAS PROVOCADOS POR CAUSAS EXTERNAS

Si su hijo ha estado siempre en contacto con otros niños de su edad, le será más fácil hacer amigos porque con el tiempo habrá aprendido a relacionarse con otras personas. Si se acaban de mudar y su hijo no conoce a nadie, debe ayudarle a establecer sus primeros contactos. Trate de conocer a sus vecinos u organice alguna fiesta a la que acudan otros padres y otros niños. También puede ir con su hijo a algún centro recreativo o apuntarlo a hacer alguna actividad extraescolar que le guste.

De todos modos, recuerde que debe ser discreto y tener mucho tacto; es un tema delicado y, además, es su hijo quien finalmente deberá elegir a sus amigos. Si hasta ahora su hijo ha tenido muy poco contacto con otros niños de su edad, quizás sea un buen momento para hacer que eso cambie. Si su hijo tuviese problemas, hable con él, explíquele qué tipo de cosas suele irritar a los demás niños y propóngale algunos temas de conversación que pueden ser de interés para todos.

QUÉ BUSCA EL NIÑO EN SUS AMIGOS

1. Alguien que sonría y esté contento la mayor parte del tiempo.
2. Alguien a quien le guste participar y jugar con ellos.
3. Alguien que no sea marimandón.
4. Alguien que les ayude a hacer los deberes.
5. Alguien que comparta sus cosas con ellos.
6. Alguien que les haga reír y con quien se lo pasen bien.
7. Alguien que les escuche cuando tienen ganas de hablar o contar algo.
8. Alguien que sea simpático.
9. Alguien que les defienda y dé la cara por ellos.
10. Alguien que sea fiel, es decir, que no sea simpático un día y antipático al día siguiente.

RASGOS DEL NIÑO POPULAR

1. Están seguros de sí mismos.
2. Son buenos organizando juegos y actividades en general.
3. Saben cómo quitar importancia a un problema o contratiempo.

4. Saben escuchar a los demás.
5. Tienen sentido del humor.
6. Sus padres les apoyan y les ayudan en todo.
7. No tienen problemas para comunicarse con los demás y siempre encuentran el tema adecuado para iniciar una conversación.
8. Son sanos y, por regla general, se les dan bien los deportes.
9. Saben cómo solucionar un problema entre compañeros.
10. No son críticos con los demás y no les cuesta hacer cumplidos.

CUANDO EL PROBLEMA ES EL NIÑO

A veces, el problema es consecuencia directa del niño y de su forma de ser. Hay niños que nunca han sentido la necesidad de hacer amigos, porque siempre han tenido a alguien cerca sin hacer el más mínimo esfuerzo o porque hasta un momento determinado no los han echado en falta. Lo más probable es que en ese caso el mero hecho de aproximarse a alguien les aterrorice. No sabrán cómo empezar ni a quién quieren tener como amigo. Otros niños se sienten rechazados porque alguna relación no ha salido bien o porque algún ser querido les ha abandonado. También cabe la posibilidad de que alguien esté abusando de ellos o los haya excluido del grupo. Otro de los problemas más habituales son los malos hábitos; los demás pueden sentirse molestos porque nuestro hijo tiene la costumbre de limpiarse los mocos con la manga del jersey, se pasa todo el día eructando o está siempre molestando a los demás.

Si a su hijo le cuesta hacer amigos y no hay ninguna causa externa que lo justifique, le propongo que haga lo siguiente. En primer lugar, identifique el problema. Si conoce las causas, le resultará mucho más fácil solucionar el problema. Acto seguido, fíjese un plan de trabajo. Éste, claro está, dependerá del problema en cuestión. Por ejemplo, hable con su hijo y pídale que anote en un papel las cualidades que le gustaría encontrar en un amigo y qué cosas de su persona cree que pueden gustar a los demás. O simule una situación para que éste pueda ensayar qué decir o cómo dirigirse a alguien que no conoce. Si cree que hay algún compañero de su hijo con el que éste podría llevarse bien, invítele a pasar la tarde en su casa.

La mayor parte de los amigos se hacen en el colegio; así pues, le aconsejo que hable con el profesor de su hijo. A lo mejor puede decirnos algo que no sabemos y puede colaborar con nosotros y ayudarnos a poner en práctica nuestro plan de trabajo. Finalmente, observe a su hijo cuando esté con sus amiguitos. Es posible que descubra algo que le permita conocer mejor al pequeño y, consecuentemente, el problema de fondo.

CONSEJO ÚTIL

A muchos nos cuesta hacer nuevos amigos, y es verdad que muchas relaciones se quedan a medio camino. Pero tener un buen amigo es uno de los dones más preciados con los que podemos contar y por tanto vale la pena que nuestros hijos puedan disfrutar de él, igual que nosotros.

22. MI HIJO NO ME CUENTA NADA

A veces, conseguir que nuestros hijos nos cuenten lo que han hecho durante el día o cómo se lo han pasado en una fiesta de cumpleaños resulta una tarea extremadamente compleja. A nosotros nos gustaría que nos explicaran hasta el último detalle y, sin embargo, tan sólo obtenemos unos cuantos monosílabos insustanciales. Los niños atraviesan distintas fases y en algunas de ellas se vuelven muy poco comunicativos. Es algo natural pero, si le desespera, sepa que no tiene por qué limitarse a sufrir en silencio.

CONSEJOS PARA MEJORAR
LA COMUNICACIÓN CON SUS HIJOS

1. Hágales preguntas específicas y que requieran una contestación larga. Es preferible preguntarles cosas como «¿Qué clase de problemas estáis haciendo en matemáticas?» o «¿Cuál ha sido la clase más aburrida?», que cosas como «¿Te lo has pasado bien?» o «¿Qué tal ha ido la excursión?», preguntas a las que puede responder con un sí, un no, un bien o un mal.

2. No les someta a interrogatorios innecesarios. Los niños, al igual que los adultos, no siempre tienen ganas de hablar y contar cosas. Déles la oportunidad de comunicarse con usted pero, si ve que no les apetece, no insista.

3. No juzgue sus respuestas. Si su hijo le dice que la profesora de castellano es estúpida y usted se limita a decirle que no debe hablar así de una profesora, que no es de buena educación, lo más probable es que éste dé por zanjada la conversación. Piense que a lo mejor está tratando de decirle que tiene algún problema. No se trata de darle la razón, sino de intentar averiguar qué ocurre y por qué piensa de este modo. No saque conclusiones precipitadas o lo único que conseguirá es que se sienta incomprendido y se cierre en banda.

4. Deje que sus hijos expresen su opinión, aunque no esté de acuerdo con ellos. Es más provechoso tratar de razonar que imponerles lo que uno piensa. Si no les dejamos expresarse, les costará más madurar y acabarán rebelándose contra nosotros.

5. Cuando digan algo coherente, felicítelos. Hágalo de un modo natural; los niños tienen un sexto sentido para detectar si estamos siendo sinceros o no. Del mismo modo que les decimos todo lo que hacen mal o no nos parece correcto, debemos lisonjearlos cuando hacen algo positivo o difícil. De lo contrario, llegarán a la conclusión de que cuanto menos digan, mejor para ellos. Dígales cosas como «Me gusta hablar contigo», «Qué bien te expresas» o «Veo que estás convencido. Cuando alguien está convencido de algo, suele conseguir lo que se propone. Me alegro por ti».

6. No dramatice porque sí. Si siempre que ocurre algo hace una montaña de un granito de arena, al final sus hijos no

osarán contarle nada. Se acostumbrarán a escurrir el bulto y a comportarse de un modo mecánico. Simple espíritu de supervivencia.

7. Deje que sus hijos se luzcan. Si en casa sólo se habla de temas que interesan a los adultos, sus hijos se aburrirán y se acostumbrarán a no hablar. Debemos preguntarles por aquello que se les da bien, por sus aficiones y su mundo, y prestarles atención cuando nos hablen de ello. No se trata de estar siempre pendientes de ellos, ni de dejarse chantajear por sus pucheros, tan sólo de dejar que sean el centro de atención de vez en cuando.

8. Trate de no sermonearles todo el tiempo. Por ejemplo, si su hijo se olvida sistemáticamente de limpiarse los dientes, basta con que le diga «Los dientes», en vez de algo como «Siempre se te olvida limpiarte los dientes, parece que hable en chino».

9. Trate de ser objetivo y de no reñirles cada dos por tres. Si sus hijos se pasan el día colgados al teléfono, es preferible decirles que necesita el teléfono porque tiene que hacer una llamada, que ponerse hecho una fiera y gritarles que cuelguen el teléfono inmediatamente.

10. Sea imaginativo. Hay muchas maneras de decir las cosas y, por regla general, se obtienen mejores resultados siendo agradable y comprensivo que desagradable y violento. Si han acordado que sus hijos no pueden encender el televisor hasta una hora determinada, pegue en la televisión una nota que diga «No me enciendas hasta las seis»; si su hijo tiene la habitación hecha una leonera, cuelgue una nota en la puerta que diga «Límpiame, por favor». Será más agradable tanto para usted como para sus hijos, y probablemente también más efectivo.

11. Respete su silencio. Piense que sus hijos, al igual que usted, necesitan reflexionar y poner en orden sus pensamientos. Hablar es importante, pero también lo es permanecer callados y pensar lo que vamos a decir.

12. Comparta con sus hijos lo que siente. Es muy importante que sea sincero con ellos. Dígales que a usted también hay cosas que le cuestan o le parecen particularmente difíciles. No tenemos por qué ser don perfecto y doña perfecta por el hecho de ser padres. A sus hijos les ayudará saber que usted también ha cometido errores, y que éstos no tienen por qué ser el fin del mundo si los asumimos y tratamos de aprender algo de ellos.

13. Trate de encontrar el momento y el lugar adecuados para hablar con sus hijos. Si están viendo su programa televisivo preferido o están leyendo un cómic, lo único que conseguiremos es ponernos nerviosos. Es preferible que les hable al acostarse o, si son pequeños, mientras los baña.

CONSEJO ÚTIL

Recuerde siempre que su hijo no es una propiedad que le pertenezca. Es un ser humano independiente que tiene sus propias necesidades y debe vivir su propia vida.

23. MI HIJO NO ES NADA SOCIABLE

Está claro que nadie nace enseñado, y relacionarse con los demás o saber cómo comportarse en sociedad es algo que requiere un proceso de aprendizaje que abarca desde las convenciones sociales y las técnicas de comunicación, hasta saber escuchar a los demás, aprender a compartir o comportarse de un modo que no violente a nuestros amigos. En este sentido, los padres tenemos un papel fundamental siempre, claro está, que no nos olvidemos de que nuestro hijo debe llevar a cabo su propio proceso evolutivo en relación con los demás y su entorno.

EVOLUCIÓN DEL COMPORTAMIENTO EN EL NIÑO

A) **De 0 a 2 años:** Su hijo descubre que existe más gente, además de él, y empieza a comunicarse. A esa edad, no obstante, son terriblemente egocéntricos y no tienen en cuenta las necesidades de los demás.

B) **De 2 a 4 años:** Siguen siendo muy egocéntricos y les cuesta entender que los demás tienen sus propias necesidades. Deben aprender a compartir y a esperar su turno. Se comunican con los demás, pero no siempre escuchan lo que otros les dicen. Aprenden las reglas básicas del comportamiento social, pero las ponen en práctica tan sólo para agradarle a usted.

C) **De 4 a 6 años:** Debe ser capaz de distinguir entre lo que es justo y lo que no lo es, de compartir sus cosas con los demás y de esperar que sea su turno. También debe ser capaz de mantener una conversación y de escuchar a los demás. Hará sus primeros amigos, aunque se enfadará y se peleará a menudo con ellos.

D) **De 6 a 12 años:** Su hijo debe saber comportarse en público y con los demás. Deberá corregirle alguno de sus modales y es posible que a veces empiece a hablar mientras usted todavía está hablando pero, por regla general, no tendrá problemas importantes.

E) **De 12 a 18 años:** La adolescencia es, sin duda, una etapa difícil. Cuando los hijos alcanzan esta edad, uno tiene la sensación de que todo lo que les ha enseñado no ha servido para nada y que tendrá que volver a empezar de cero. Sin embargo, esto no es así; por suerte, siguen creciendo y no tardan en superar dicha etapa.

CONSEJO ÚTIL

Si su hijo no se comporta y ya tiene edad para hacerlo, asuma su parte de culpa y piense que nunca es demasiado tarde para enmendar los errores o corregir una actitud equivocada.

24. YO SÉ MEJOR QUE TÚ LO QUE TE CONVIENE

La mayoría de los padres piensa que es normal que sus hijos se parezcan a ellos y tengan sus mismas opiniones y aptitudes. Pero esta premisa es totalmente falsa y gratuita, así que no justifica que decidamos por ellos o tratemos de manipularlos consciente o inconscientemente. No basta con querer lo mejor para él; además, hemos de tener en cuenta su opinión y sus deseos. Es muy posible que el niño no tenga todavía las herramientas necesarias para decidir qué es lo que más le conviene, pero tampoco las tienen aquellos padres que viven obcecados por sus propios prejuicios.

LOS HIJOS NO SON UNA PROPIEDAD

Nadie puede encauzar de un modo definitivo la vida de otra persona que tiene voluntad propia y el perfecto derecho de hacer uso de ella, aunque se trate de un hijo. Si tenemos en cuenta sus opiniones, no sólo le conoceremos mejor, sino que además conseguiremos que se sienta más seguro de sí mismo. Es también un error pretender que nuestros vástagos sean una especie de prolongación de nuestra persona y consigan todo aquello que nosotros no hemos logrado. Esta actitud, por desgracia muy frecuente, puede tener consecuencias realmente nefastas. Nuestro objetivo como padres debe ser asegurarnos de que nuestro hijo vaya descubriendo las distintas facetas de la vida, así como, sin dejar de orientarle y aconsejarle, aceptar sus aspiraciones, sin duda las más provechosas para él. De lo contrario, le estaremos condenando al fracaso o, en el mejor de los casos, a vivir insatisfecho y convencido de que es un inepto y un inútil. El autoritarismo excesivo siempre es perjudicial, mientras que una actitud benévola en el peor de los casos demuestra comprensión y ternura. Los conflictos se solucionan con la colaboración activa de nuestro hijo, y no tratando de imponerle nuestra opinión o nuestro modo de pensar.

LOS DIEZ PEORES ERRORES DE UN PADRE

1. Tratar de que los niños se porten siempre correctamente y no hagan ninguna tontería. Los niños son niños y deben comportarse como tales. Debemos enseñarles normas de conducta y fijar unos límites, pero también ser permisivos y dejar que se descontrolen de vez en cuando.

2. No prestarles atención porque estamos demasiado ocupados. Tenga siempre presentes cuáles son sus prioridades. Si su hijo trata de hablar con usted, no lo deje para más tarde. Déjelo todo y escuche lo que tenga que decirle. Podría tratarse de algo realmente importante.

3. Obligarles a comer. La naturaleza es sabia y ningún niño se ha muerto de hambre por negarse a comer. Tenerle durante horas delante de un plato no le servirá de nada; y, cuando su organismo lo necesite, no se preocupe, se lo hará saber y se zampará lo que usted le prepare en un periquete.

4. Dejar que miren la televisión porque es el único modo de que haya paz en casa. Puede ser una tentación, especialmente si estamos cansados o tenemos mucho trabajo. No obstante, debemos ser fuertes y racionalizar las horas de televisión. De lo contrario, no sabrán entretenerse sin el estímulo de dicho aparato, no sabrán jugar ni descubrirán placeres como la lectura. Y no se preocupe ni se sienta culpable por apagarles el televisor. Los niños no saben estarse quietos durante mucho rato, de modo que seguro que se les ocurrirá algo divertido o interesante.

5. No decir a nuestros hijos lo orgullosos que estamos de ellos. Demuéstrelo sin reservas. A todos nos gusta que nos elogien, tengamos la edad que tengamos.

6. No pedir ayuda. Si cargamos con toda la responsabilidad, lo único que conseguiremos es estar siempre agotados. Pero los niños no lo entenderán así y con el tiempo surgirán problemas de relación y entendimiento. No hay nada malo en pedirle a alguien de confianza que nos eche una mano.

7. Dejar de hacer mimos a los hijos a partir de cierta edad. La verdad es que llenar de besos y abrazos a un niño, o notar sus manitas alrededor de nuestro cuello, es uno de los mejores placeres de ser padre. Y, sin embargo, muchos dejan de hacerlo por miedo a hacer de sus hijos unos debiluchos o unos consentidos. ¡Como si a las personas mayores no nos gustara que nos mimen y nos cuiden!

8. No fiarse de la intuición. Nuestros instintos suelen decirnos qué es lo mejor para nuestro hijo en cada caso, si éste tiene realmente un problema o si sólo trata de tomarnos el pelo o de probar dónde están los límites. Las más de las veces basta con mirarnos de cerca a nuestro hijo para saber qué debemos hacer.

9. Ocupar totalmente la agenda de nuestro hijo. Hoy en día, son muchos los niños que no tienen ni un minuto libre para jugar libremente o para no hacer nada. Algunos padres trabajan todo el día y les resulta cómodo tener a los hijos colocados; otros están convencidos de que si su hijo no aprovecha el tiempo al máximo, el día de mañana puede tener serios problemas para encontrar un buen trabajo y triunfar en la vida. Todos los extremos son perjudiciales. Está muy bien que tratemos de dar una buena educación a nuestros hijos y que nuestros hijos puedan escoger entre un amplio abanico de posibilidades, pero no debemos agobiarlos ni obligarles a realizar más actividades de las que les apetezcan o de las que sean capaces de sacar adelante.

10. No anotar los distintos logros o acontecimientos de la vida de nuestros hijos. Cuando nuestro hijo es un bebé, pensamos que no nos olvidaremos de nada, pero eso no es cierto. Nuestra memoria es tremendamente limitada. Compre una libreta y anote en ella todo aquello que le parezca digno de mención: el día que su hijo empieza a andar, el día que se le cae el primer diente y cualquier cosa graciosa que haga. A sus hijos les encantará leerlos, y a usted también.

CONSEJO ÚTIL

Ayude a su hijo a conocerse y a encontrar su camino en la vida. De lo contrario, le estará condenando a ser un fracasado.

25. ERES UN GALLINA

Uno de los conflictos con los que se enfrentan los niños es el de conservar su propia identidad y, a la vez, ser aceptados por los colegas. Para ellos es tan importante ser uno más del grupo que a menudo se olvidan de quiénes son y sucumben a presiones absurdas y erróneas. Frases como «Hazlo, es genial», «Eres un miedica», «Si quieres ser uno de los nuestros, tienes que hacerlo» o «Venga, si no pasa nada», pueden llegar a condicionar fatídicamente su comportamiento. Así pues, muchos niños roban, beben alcohol, toman drogas o fuman aun sabiendo que está mal porque están convencidos de que, si no hacen lo que hacen los demás, no son nadie. Para ellos es más importante lo que pueda opinar un amigo que lo que crean sus padres, el resto de la sociedad o el mundo entero.

Si está preocupado por su hijo, o cree que está a punto de cometer una tontería que puede tener consecuencias nefastas para él, propóngale la encuesta siguiente:

1. ¿Hago siempre lo que mis amigos quieren que haga?
2. Antes de salir de casa, ¿llamo a mis amigos para saber qué ropa van a ponerse?

3. ¿He aceptado hacer algo para que mis amigos me aceptaran aun sabiendo que estaba mal, por ejemplo, robar en una tienda o faltar a clase?
4. ¿Me dejo influenciar por mis amigos en vez de tomar mis propias decisiones?
5. ¿Bebo alcohol o tomo drogas únicamente porque todo el mundo lo hace?

Dígale que, si responde sí a una o más preguntas, es que se deja influenciar negativamente por los amigos. Si es el caso de su hijo, recuerde que el mejor antídoto contra las presiones externas es la autoestima y la confianza en uno mismo. Los niños que se conocen y se sienten orgullosos de sí mismos no suelen dejarse dominar por sus compañeros. Explíquele que puede decir lo que piensa y hacer lo que le parezca correcto sin por ello tener que renunciar al grupo. Si algo le parece peligroso o le da miedo, debe ser capaz de decir «no», especialmente cuando se trate de algo ilegal o perjudicial para él. Su hijo debe tener claras cuáles son sus prioridades y que hay cosas más importantes que conseguir una dosis más de popularidad.

CONSEJO ÚTIL

No critique a los amigos de su hijo o empezará a tener problemas con él. El hecho de que los demás quieran estar con él hace que confíe más en sí mismo y esto es algo sin duda muy positivo.

---

26. ¿PUEDE VENIR CON NOSOTROS?

Nosotros, los adultos, establecemos relaciones con nuestros compañeros de trabajo y salimos con los amigos; así pues, no ha de extrañarnos que nuestros hijos también establezcan relaciones amistosas con los compañeros de clase y quieran compartir su tiempo con ellos. A los niños siempre les ha gustado jugar y correr aventuras juntos. Antaño lo hacían en la calle, con los demás niños del barrio; y ahora, en casa de sus amigos o en los patios del colegio. Durante la edad escolar, la influencia de los compañeros de clase suele ser decisiva. Así pues, deberemos estar alerta y enseñar a nuestros hijos a cuidar de sus amigos.

ALGUNOS CONSEJOS PRÁCTICOS

1. Las primeras veces, invite a los amigos de su hijo de uno en uno. Después, poco a poco, vaya aumentando el número de niños que invita.
2. Si lo cree necesario, seleccione los amigos que pueden venir y los que no.
3. Si hay algún amigo que ejerce una influencia claramente

---

negativa sobre su hijo, intente que se aleje de él pero no le prohíba bajo ningún concepto que lo vea.
4. Al principio, es aconsejable que las visitas de los amigos no se prolonguen demasiado. De lo contrario, empezarán las discusiones y los problemas. Cuando sean capaces de estar un rato juntos sin pelearse, alargue los períodos.
5. Cuando invitemos a sus amigos, debemos estar pendientes de éstos y de nuestro hijo, especialmente si son pequeños.

ES NECESARIO FIJAR ALGUNAS REGLAS

Es necesario y muy beneficioso que nuestros hijos se relacionen con otros niños. Sólo de este modo aprenderán a valorar la amistad verdadera y descubrirán sus aspectos más duros y más agradables. Ahora bien, es necesario que fijemos ciertas reglas:

- Nuestro hijo debe avisarnos con cierta antelación. No acepte excusas del tipo «Es que ya le he dicho que podía venir y si ahora me echo atrás quedaré como un tonto». Él tiene derecho a estar con sus amigos, pero usted también debe poder organizarse.
- Fije un número máximo de amiguitos y deje claro que sólo podrán saltarse dicho límite en las fechas señaladas (por ejemplo, cuando sea su cumpleaños o para celebrar que es fin de curso y han sacado muy buenas notas).
- Debe quedar claro en qué habitaciones está prohibido entrar, qué muebles no deben tocar o qué aparatos no deben utilizar sin permiso de los adultos.

CONSEJO ÚTIL

Lo prohibido es lo más deseado. Si obliga a su hijo a apartarse de algún amigo indeseable, lo único que conseguirá es que se sienta más unido a él de lo que se había sentido nunca.

102

27. MI HIJO TARTAMUDEA

La tartamudez, es decir, la repetición involuntaria de una misma sílaba o palabra, es un fenómeno perfectamente normal durante los primeros años de edad, que puede reaparecer más adelante por factores de tipo emotivo (en una discusión violenta, al experimentar una gran excitación, a causa del miedo, etc.). Así pues, la tartamudez es un fenómeno que va asociado al aprendizaje de la lengua. Lo malo es que algunos padres se preocupan excesivamente sin que haya motivo para ello, y esta actitud errónea acaba convirtiendo en problema lo que podría ser un simple defecto transitorio. Si corregimos insistentemente a nuestro hijo, éste se preocupará y perderá la confianza en sí mismo. Al ser consciente del problema, además de las interrupciones y repeticiones normales e involuntarias, el niño empezará a vacilar por miedo a los posibles comentarios o correcciones; al final es posible que incluso se niegue a hablar. El lenguaje dejará de ser una herramienta natural y agradable para transformarse en algo temible y tremendamente difícil, y el niño experimentará una terrible sensación de fracaso.

LA TARTAMUDEZ NATURAL
Y LA QUE DEBE PREOCUPARNOS

Si nuestro hijo tartamudea durante los primeros años de su vida, lo mejor que podemos hacer es quitarle importancia y esperar a que dicho defecto desaparezca por sí solo. Ahora bien, si a medida que crece la tartamudez se convierte en algo habitual para nuestro hijo, o si se manifiesta de repente en un niño de cinco o seis años que hasta entonces hablaba con toda normalidad, la cuestión es más grave, ya que se trata de un síntoma que revela alguna anomalía afectiva más seria y profunda. Debe acudir inmediatamente a un especialista. Éste enseñará a su hijo a respirar correctamente, utilizar la voz de un modo adecuado y enlazar una sílaba con otra de forma fluida.

LA FALTA DE AUTOESTIMA

Lo que un niño pueda decir para sus adentros mientras tartamudea o ante una situación que le pone nervioso es también muy importante. Así por ejemplo, si su hijo está convencido de que debe contar siempre con la aprobación de los demás, o que debe destacar en todo lo que hace o que cuando algo no sale como esperábamos es un verdadero desastre, es probable que le cueste mucho solucionar su problema. Debemos contrarrestar estos pensamientos irracionales y negativos con otros más positivos y optimistas. Propóngale frases como «Me acepto tal y como soy», «Todo el mundo comete errores», «Por muy mal que vaya todo, sobreviviré» o «Pase lo que pase, seré capaz de hacerme cargo de la situación». Este tipo de afirmaciones, junto con las técnicas anteriormente mencionadas, pueden ser de gran ayuda para nuestro hijo.

28. MI HIJO NO DEJA DE PARPADEAR

Los tics nerviosos son pequeños movimientos involuntarios o gestos automáticos que se repiten a intervalos más o menos largos de tiempo. Puede tratarse de leves movimientos de la mano, la cabeza o los hombros, o de simples gestos más o menos acentuados como el parpadeo, la torsión de la boca o un determinado movimiento realizado con los labios. Manifestaciones como el carraspeo, la aspiración nasal o el estornudo pueden ser también una forma de tic nervioso. En algunos casos, la acción que realiza la persona afectada –rascarse una oreja, aclarar la voz, mirar de lado– parece responder a un objetivo concreto pero, en realidad, es completamente involuntaria.

Los niños suelen adquirir los tics alrededor de los cinco o seis años, o incluso más tarde. Cuando se manifiestan por primera vez, suelen pasar inadvertidos y no son detectados hasta que se repiten de forma habitual y con cierta intensidad. Por regla general, esta anomalía se manifiesta en niños que tienen problemas afectivos y que, precisamente por ello, suelen presentar también otros síntomas. Sin embargo, es posible adquirir este hábito por la proximidad de otra persona aquejada de este mal.

El tic, una vez adquirido, no es fácil de eliminar. A veces, se atenúa o cesa durante algún tiempo para volver a reaparecer de nuevo; o desaparece pero para ser sustituido por otro. Si su hijo tiene algún tic, ármese de paciencia y tenga claro que no va a poder solucionarlo de la noche a la mañana. Un tic es un movimiento involuntario, algo que el niño hace de un modo inconsciente, por tanto no conseguiremos nada obligándole a tener un dominio consciente del mismo. Además, ello podría resultar contraproducente porque, al ser consciente de su defecto o anomalía, su hijo estará más inquieto y preocupado, y ello hará que el tic se acentúe.

Tampoco sirve para nada castigar, amenazar o prometer cosas al niño, ni siquiera recurrir a sus sentimientos de amor propio. No se obsesione con el tic de su hijo y piense que el único modo de eliminarlo es buscando la verdadera causa del problema, y no su efecto. Detrás de esta manifestación más o menos molesta hay siempre un conflicto afectivo, y nuestro objetivo debe ser sobre todo lograr resolver dicho conflicto. A veces, basta con modificar y mejorar el ambiente familiar, pero otras es necesario recurrir a la psicoterapia. Nuestra verdadera preocupación debe ser conseguir que nuestro hijo viva feliz, es decir, sin experimentar un estado de ansiedad continuo, sin sentirse culpable o experimentar sentimientos de vergüenza.

Y debemos tener presente que el proceso de curación suele ser largo. El tic es un síntoma de alarma que debe hacer comprender a los padres que su hijo necesita ayuda.

29. NO COMAS TANTO

El problema de la obesidad suele originar un gran número de conflictos en el niño:

- Le preocupa su gordura.
- En el colegio le toman el pelo y se ríen de él.
- No le gustan sus michelines.
- Es más propenso a los accidentes.
- Se cansa y se queda sin aliento antes que los otros niños.
- Es más propenso a tener problemas en las articulaciones.
- Es más propenso a los problemas cardíacos.
- Tiene más probabilidades de acabar siendo diabético.
- Corre más riesgos cuando es intervenido o se le tiene que anestesiar.

Es, pues, un problema muy serio que puede tener consecuencias nefastas. Si nuestro hijo está gordo, lo primero que debemos aceptar es que lo está a causa de nuestra comida. Somos nosotros los que compramos, preparamos y cocinamos la mayor parte de lo que come. Tenga presente también que los hábitos alimenticios se adquieren durante la primera infancia, cuando nuestra influencia como padres es todavía efectiva. Así pues, debemos aprovecharla para inculcarle unos buenos hábitos que le ayuden a mantenerse en un peso razonable.

ALIMENTACIÓN SANA Y ADECUADA

Si su hijo tiene un exceso de peso, debe reducir inmediatamente la cantidad de alimentos que le suministra. Piense que éste sólo conseguirá disminuir de peso consumiendo una cantidad de comida inferior a la normal que le obligue a quemar la grasa sobrante. La obesidad se debe a un exceso de calorías. Así que, además de darle una cantidad adecuada, es importante saber qué alimentos son los que más le convienen. En principio, las vitaminas y los nutrientes más importantes se encuentran presentes en la mayor parte de los alimentos, por lo que una dieta más o menos equilibrada bastará para que no sufran una deficiencia significativa. A no ser que el médico lo prescriba, es preferible no darles dosis extras de vitaminas, hierro o tónicos reconstituyentes ya que, en exceso, pueden llegar a ser perjudiciales. Finalmente, hemos de evitar que nuestro hijo consuma grandes cantidades de grasa, azúcar e hidratos de carbono en favor de la fibra, la fruta y las verduras.

SE ACABÓ EL PICAR ENTRE COMIDAS

Otro de los problemas típicos que hay que combatir es el de que piquen o ingieran alimentos entre comidas. Y lo peor es que a menudo somos los propios padres los que les inducimos a ello. Muchas veces, para que se entretengan y no nos molesten, les damos una galleta o un trozo de pan o una bolsa de patatas. Lo normal es que cuando llegue la hora de comer no tengan hambre y que, al final del día, hayan ingerido alimentos poco aconsejables en detrimento de los que verdaderamente les convienen.

Finalmente, hay niños que comen más de lo necesario para compensar un vacío psicológico. El conflicto es en ese caso más profundo, pero la solución en parte es la misma: ejercer un estricto control en la cantidad y clase de alimentos que el niño come.

30. VAS A TENER UN HERMANITO

La llegada de un hermanito puede provocar los celos del hijo que hasta entonces había disfrutado en exclusiva del cariño de los padres, especialmente cuando éste tiene entre dos y seis años. Al principio, la madre está cansada y tiene que dedicar mucho tiempo al recién nacido; así pues, es normal que el mayor se sienta celoso.

PREPARE A SU HIJO

Como padres, lo único que podemos hacer es preparar a nuestro hijo. Debemos tratar de despertar en el niño cierto sentimiento de propiedad sobre su futuro hermano ya que sólo así conseguiremos atenuar la sensación de rivalidad que se despertará en él. No le diga nada hasta que el tamaño de la barriga o algún otro problema lo hagan evidente. Si le habla del embarazo desde el primer día, su hijo se cansará de esperar y acabará pensando que todo es mentira o perdiendo interés. Es aconsejable que se lo expliquen el padre y la madre juntos; si todavía es pequeño, siéntelo en su regazo. Cuénteselo de un modo sencillo y breve, o lo confundirá innecesariamente.

Siempre que sea posible, enséñele otros bebés y menciónele todas sus gracias. Hágale ver todo lo que podrá hacer con el nuevo hermanito. Lo ideal es conseguir que desee la llegada del bebé tanto como usted. No especifique si será niño o niña a no ser que esté del todo seguro; así nadie se sentirá decepcionado. Una vez se lo haya contado, es posible que su hijo le haga muchas preguntas. Respóndale con sinceridad, pero con la mayor simplicidad posible. No olvide que a los niños les gusta estar informados y que ocultarles la verdad no sirve de nada. Intente no hablar demasiado del embarazo y del parto delante del niño, ya que son muy sensibles y podría llegar a angustiarse.

CUANDO SE PRODUZCA EL NACIMIENTO

Cuando llegue el momento de dar a luz, trate de implicar al niño; deje que le ayude a escoger algunas de las cosas que necesitará su hermanito –la ropa, el biberón, los baberos–, o a preparar la habitación para que se sienta a gusto. Y ya sabe, si observa algún indicio de celos, trate de ponerle remedio inmediatamente.

La primera vez que su hijo vaya a la clínica después del parto, es importante que el bebé esté en la cunita, y no en los brazos de su madre. Si ella puede dedicarle toda su atención durante un rato y después presentarle al hermanito, todo resultará más fácil. No olvide que su hijo mayor sigue necesitando tener contacto físico con ambos padres. Piense que sólo conseguirán tranquilizarlo mostrándole a menudo su afecto, demostrándole que le quieren igual que antes y que no se han olvidado de él. Cúbralo de besos y abrazos siempre que pueda, o enciérrese con él en una habitación y dedíquele un tiempo extra. Ahora bien, es importante que este tipo de manifestaciones afectivas no se produzca cuando el niño se comporte de un modo celoso, ya que si no se acostumbrará a captar la atención y el cariño de sus padres mediante ataques de celos.

POSIBLES REACCIONES DEL HIJO MAYOR

Uno de los episodios desagradables es que, a veces, es necesario contener al hijo mayor para proteger al más pequeño, todavía muy frágil. El recién nacido despierta la curiosidad de su hermano, que siente la necesidad de tocarlo y descubrir qué puede hacer con él. Manténgase a cierta distancia e intervenga sólo si el bebé corre peligro y, sobre todo, no culpabilice al mayor porque no es consciente del daño que puede infligir.

Otro de los problemas típicos consiste en que, al ver al recién nacido, el mayor siente el deseo de ser tratado como él por lo que sufre una regresión en ciertas actividades. Por ejemplo, un niño que hace poco ha dejado de hacerse pipí en la cama, vuelve a mojarla cada noche; o un niño que ha empezado a hablar deja de hablar en seco. Los padres deben tratar de no dar demasiada importancia a este tipo de regresiones ya que una actitud demasiado intransigente podría causar conflictos inútiles.

Por regla general, el niño acaba aceptando la nueva situación y el problema desaparece.

FACTORES QUE DETERMINAN EL GRADO DE REGRESIÓN

• La tensión que el niño experimenta: a mayor tensión, mayor regresión.

- El nivel de desarrollo del niño: cuanto más inmaduro es el niño, más intensa es la regresión.
- El carácter del niño: cuanto más sensible y nervioso, más propenso a las regresiones.

ACTITUDES ERRÓNEAS Y POSIBLES SOLUCIONES

Ante el problema de los celos, muchos padres optan por tratar de un modo idéntico a ambos hijos sin saber que con ello no hacen sino empeorar las cosas. Por un lado, resulta casi imposible llevarlo a la práctica; por otro, no suele ser justo. No podemos tratar del mismo modo a niños de distintas edades y distinto sexo, porque sus necesidades y su relación con los padres son diferentes. Además, haciéndolo estaremos alentando una concepción falsa de la vida. Nuestros hijos deben aprender que las cosas no siempre son como nos gustaría que fuesen y que a unos les va mejor que a otros sin que haya una razón específica para ello. Debemos hacerles comprender que son un ser único, ni mejor ni más especial, simplemente diferente.

En cualquier caso, lo que no debemos hacer bajo ningún concepto es engañarles diciéndoles cosas como que los niños vienen de París y los trae una cigüeña, ni amenazarles con atrocidades como «Ya verás cómo cambian las cosas cuando tengas un hermanito. Se acabó el hacer siempre tu santa voluntad». Este tipo de comentarios crueles e insensatos despierta en el niño un sentimiento de odio nada saludable. En vez de atormentarle con ideas erróneas, dígale que pronto tendrá un hermanito, que será un bebé simpático y gracioso, que al principio será muy pequeño y frágil, y que por esto tiene que ayudar a mamá a cuidarlo y a vigilarlo; pero que a medida que vaya creciendo podrá jugar con él. Explíquele también que nadie dejará de quererle por el hecho de que tenga un hermanito. Si consigue tranquilizarle en este aspecto, aceptará de mejor grado la difícil división de afecto con la que se enfrenta.

CONSEJO ÚTIL

Si nuestros hijos no aprenden las cosas a lo largo de su infancia, tendrán que hacerlo de mayores y, se trate de lo que se trate, es muy probable que sea más traumático.

31. ¿QUÉ HACÍA PAPÁ ENCIMA DE TI?

Las primeras manifestaciones sexuales del niño se producen entre los dos y los seis años. A esa edad descubren sus órganos genitales y se interesan por su manipulación y exhibición. Se trata de una etapa más de su desarrollo y, por tanto, deberemos ser prudentes y obrar con naturalidad. Si tratamos de reprimirlo, nuestro hijo acabará sintiéndose culpable y ello le llevará a sentirse angustiado o a volverse agresivo.

LA SINCERIDAD EN LA EDUCACIÓN SEXUAL

En el terreno de la educación sexual, la hipocresía es siempre contraproducente. Debemos contestar sin reparo las preguntas de nuestros hijos, pero seremos breves y naturales. Es tan peligroso condenar su curiosidad como mentirles, de modo que es trabajo de los padres destruir los mitos falsos y las informaciones erróneas. Como ya hemos dicho en otros capítulos, las respuestas deben ser siempre adecuadas a las necesidades del niño y a sus preguntas. Si tenemos una buena comunicación con nuestros hijos, ellos serán los que marquen el ritmo de las enseñanzas. Si un niño de cinco años nos pregunta cómo nacen los niños, le podemos decir, por ejemplo, que en el vientre de mamá hay un espacio destinado a contener el bebé, que allí vive y crece y que, cuando está totalmente formado, sale por un agujero que hay para eso. También le podemos explicar que la mamá necesita ayuda para expulsar al bebé y que por eso va a un hospital cuando llega el momento. Esta información se adapta a su nivel de comprensión y le ayudará a entender todo aquello que oiga o vea a medida que crece.

La imaginación infantil no tiene límites y su curiosidad, tampoco. Si cuando nuestro hijo nos pregunta algo le contestamos con frases evasivas como «Ya te lo explicaré cuando seas mayor», «Aún eres demasiado pequeño para preocuparte por esas cosas» o «Esas cosas no se preguntan», llegará a la conclusión de que hay temas sobre los que no debe hablar con nosotros. Piense que si le preguntan es porque necesitan saberlo o porque hay algo que les preocupa. Así pues, no sirve de nada escurrir el bulto y hacer ver que no hemos oído nada. Es importante que les hablemos con naturalidad acerca de estos temas, sin darle un tono de solemnidad o de cosa extraña. Y que llamemos a las cosas por su nombre. El sexo es una parte importante del ser humano y no hablando de él sólo conseguiremos que nuestro hijo sufra innecesariamente o cometa errores que podría haberse evitado.

ALGUNAS PREGUNTAS TÍPICAS

1. ¿Qué quiere decir «hacer el amor»?

Cuando dos personas adultas se quieren, a veces se lo demuestran haciendo el amor. El hombre introduce su pene en la mujer, y ambos se abrazan y se besan porque les gusta.

2. ¿De dónde vienen los niños?

De sus madres. Todos los niños se forman en el vientre de su madre. Cuando están completamente formados, son expulsados a través de un conducto que sirve para ello. Para que se forme un bebé hace falta un óvulo de la madre y un espermatozoide del padre. Por eso éste introduce el pene dentro de la madre, para que el óvulo y el espermatozoide puedan juntarse y formar un niño.

3.¿Qué es la regla?

Las mujeres empiezan a perder cierta cantidad de sangre durante tres o cuatro días cada mes desde el momento en que su organismo está preparado para tener hijos. Los órganos femeninos se preparan cada mes para concebir un niño, acumulando sangre y disponiendo los tejidos para que el óvulo fecundado pueda desarrollarse. Si el óvulo no es fecundado, la mujer pierde el exceso de sangre y los tejidos se renuevan hasta el mes siguiente.

4.¿Qué es el sexo seguro?

Si una persona sabe que tiene algún virus o enfermedad que se transmite al hacer sexo, debe tomar ciertas precauciones para no contagiar a otras personas. Para ello existen distintos métodos, por ejemplo, el uso de un condón.

5.¿Qué es el sexo oral?

Se puede hacer sexo de distintas maneras. Una de estas maneras –el sexo oral– consiste en besar y chupar los genitales de la pareja.

6.¿Qué quiere decir «lesbiana»?

La mayoría de las mujeres se enamora de hombres y la mayoría de hombres, de mujeres. Pero también hay mujeres que se enamoran de otras mujeres, u hombres que se enamoran de otros hombres. Hay gente que llama a las primeras lesbianas y a los segundos, homosexuales o gays.

7.¿Qué es el sida?

Es una enfermedad que se transmite por medio del sexo o de la sangre. No suele afectar a los niños, sino a los adultos.

8.¿Qué quiere decir «violar»?

Cuando alguien te toca los genitales o el sexo de un modo que a ti no te gusta, o intenta hacerte el amor en contra de tu voluntad. Si sientes que algo no va bien, di que no.

CONSEJO ÚTIL

El sexo es algo perfectamente natural y puede ser muy hermoso y reconfortante. De ti depende que para tu hijo no sea una pesadilla o algo realmente temible y vergonzoso.

32. PORQUE LO DIGO YO Y BASTA

La coerción es la represión por la fuerza. Puesto que atenta contra la libertad del individuo, es normal que provoque conflictos importantes de difícil solución. No obstante, puede resultar altamente beneficiosa para el proceso de maduración del niño. Algunos padres tienen una idea equivocada al respecto, ya que creen que toda forma de coerción es negativa para sus hijos y la suprimen sistemáticamente. Aunque a veces resulte engorroso e incluso desagradable, debemos tratar de encontrar un equilibrio, y no ser ni demasiado tiranos ni demasiado blandos.

LA COERCIÓN FRENTE AL PELIGRO

La coerción establece límites en función de la realidad; el problema es que el concepto de realidad que tienen los padres suele diferir del que tienen los hijos. A veces, la coerción no es más que un intento de proteger al niño frente a un peligro físico determinado. Es verdad que nuestros hijos tienen mucho que aprender acerca del mundo que les rodea y por tanto es lógico que intentemos ayudarles. Sin embargo, hemos de ser objetivos y prudentes. En situaciones poco peligrosas es aconsejable que el niño viva la experiencia y aprenda por sí mismo cuáles son los límites. Hay que encarar cada situación en función de la gravedad del peligro y respetando al máximo la independencia de nuestro hijo.

LOS LÍMITES PSICOLÓGICOS

En ciertas ocasiones, la coerción pretende fijar ciertos límites psicológicos en el mundo del niño. Es perfectamente natural que un padre trate de proteger a su hijo de las agresiones o sufrimientos procedentes del mundo exterior. Pero también en este caso hay que procurar que el menor no se sienta excesivamente dominado, ya que ello impediría el desarrollo normal de su capacidad de elección. Además, una actitud excesivamente estricta suele suscitar en el niño una reacción de rechazo y desafío nada aconsejable.

COACCIONES ADECUADAS Y COHERENTES

Es aconsejable, asimismo, que tratemos de encontrar imposiciones positivas. Tenga presente que las limitaciones que imponga a su hijo no tendrán sentido si no son coherentes con su grado evolutivo. Si el niño no dispone del control motor o afectivo suficiente, no obtendremos el resultado esperado. Por la misma regla de tres, si nuestro hijo está absorto en el juego y le interrumpimos bruscamente, lo único que conseguiremos es romper su sentimiento de unidad afectiva. Es preferible esperar a que se encuentre en una fase del juego menos apasionada y entonces decirle que es hora de irse a la cama; de este modo, interiorizará la limitación y le resultará más fácil aceptarla.

En las familias numerosas, la tarea de los padres se complica puesto que se ven obligados a adaptar sus imposiciones a formas de ser y edades muy distintas. El único modo de hacer frente al sentimiento de injusticia y vejación que experimentan los niños consiste en tratar de encontrar coerciones apropiadas para cada uno de ellos y explicarles el porqué de dichas diferencias. Adoptar una regla común para todos tomando las decisiones en función del hijo menor o mayor puede parecer la solución más fácil, pero a la larga genera conflictos muy complejos y difíciles de solucionar.

CONSEJO ÚTIL

Las cosas que realmente asimilamos son aquellas que experimentamos en nuestra propia piel. Aconseje a sus hijos, pero no coarte su libertad en un afán de superprotección.

33. CON ESTA MANO NO, CON LA OTRA

Durante siglos se ha considerado que ser zurdo era algo de lo que cabía avergonzarse. Gracias a los progresos de la psicología, no obstante, hoy sabemos que no existe ninguna razón para menospreciar a una persona por el mero hecho de ser zurda. En todos los seres humanos uno de los hemisferios cerebrales predomina sobre el otro, así que la única diferencia entre un diestro y un siniestro es que en el primero hay un predominio del hemisferio izquierdo, mientras que en el segundo el predominio lo ejerce el derecho.

QUÉ HACER SI NUESTRO HIJO ES ZURDO

Lo primero que haremos será comprobar si realmente es su tendencia natural. Hay niños que son marcadamente zurdos, es decir, presentan un predominio claro en todo el lado izquierdo –mano, ojo y pie–, mientras que otros lo son de un modo menos manifiesto. Si el especialista confirma que su hijo es zurdo, no le obligue a ser diestro. Si intenta corregirle es probable que acabe teniendo problemas en el colegio, que se sienta torpe, inseguro e inadaptado, y que empiece a manifestar trastornos de carácter, problemas de ansiedad o rebeldía. Asimismo, podría revelar anomalías del lenguaje –tartamudez o falta de claridad al expresarse–. Como padres debemos evitar por todos los medios que piense que es un bicho raro, que hay algo anómalo en su persona. Tenga presente que el niño advertirá que existe una diferencia física entre él y sus compañeros y ello puede llevarle a sentirse inferior. Los niños que destacan en algún deporte suelen tener menos problemas para entender que el hecho de ser zurdo no tiene la menor importancia. Explíquele que dicha peculiaridad en determinadas situaciones es incluso una ventaja, por ejemplo, para un jugador de baloncesto.

QUÉ HACER SI NO MUESTRA UNA TENDENCIA NATURAL CLARA

Si su hijo parece ser ambidiestro, no se inquiete ni saque conclusiones precipitadas. Normalmente se inclinarán por una u otra tendencia cuando aprendan a escribir. Ahora bien, esto no significa que tengan que renunciar a la otra mano, o que no puedan seguir haciendo determinadas tareas con ella. El ser humano no se divide en dos lados y la verdad es que en la mayoría de las ocasiones precisamos de ambas manos.

Esté alerta a las posibles motivaciones. Hay niños que empiezan a utilizar una mano o la otra porque tratan de imitar a sus padres o simplemente para agradar a la maestra. Si fuera el caso, trate de reeducarle hablando con él y explicándole que cada uno debe utilizar la mano que le resulte más cómoda.

CONSEJO ÚTIL

Trate de no tener ideas preconcebidas sobre el tema. Limítese a observar a su hijo y acepte su tendencia natural, sea cual sea.

---

34. NO QUIERO IR AL COLEGIO

El primer día que nuestro hijo va a la escuela, o a la guardería, es sin duda alguna un paso difícil para él. El niño se separa de la madre o de la niñera que lo ha cuidado hasta entonces y conoce un mundo completamente nuevo y desconocido. Pero ese primer día no es duro sólo para el niño, sino también para los padres. Tanto unos como otros sienten una mezcla de miedo, ansiedad y tristeza perfectamente comprensible. Sin embargo, si queremos ayudar a nuestro hijo en su primer paso hacia una progresiva independencia, algo totalmente imprescindible para su desarrollo, debemos adoptar una actitud positiva y coherente. Para empezar, trataremos de que ese primer día no nos coja de improviso. Antes de que llegue el momento, le hablaremos a nuestro hijo de la escuela. Debemos inculcar en el niño la idea de que va a ir al colegio porque se está haciendo mayor y de que allí aprenderá muchas cosas que le ayudarán a seguir creciendo. Debe ser un premio a su buena conducta, y no un castigo. Encárguese de que vaya familiarizándose con la escuela de un modo progresivo. Primero enséñele una desde la calle, de camino al parque o aprovechando que pasan por delante de alguna al ir hacia otro sitio. Después visite su futuro colegio con él.

ACTITUD DE LOS PADRES EL PRIMER DÍA DE CLASE

Aunque se sienta inquieto o le aterrorice la idea de separarse de su hijo, trate de controlar sus emociones. De lo contrario, le contagiará su inquietud y sus miedos, con lo que el niño se sentirá todavía más inseguro. Debe mostrarse intransigente y no ceder a sus quejas ya que si no éste creerá que el colegio es algo opcional y persistirá en su actitud de rechazo. Si el niño empieza a llorar o se resiste a separarse de usted, acompáñelo a la clase, explíquele el problema a la profesora y márchese de inmediato. Quedándose junto a su hijo más tiempo del necesario sólo conseguirá empeorar las cosas. Cuando vaya a recogerlo, pregunte a la maestra cómo ha ido todo. Hay niños que lloran cuando sus padres van a buscarlos, pero eso no quiere decir que hayan estado todo el día llorando. Lo más probable es que las actividades escolares les hayan tenido distraídos la mayor parte del tiempo, pero al ver de nuevo a los suyos se acuerdan de que han estado lejos de ellos y reviven la separación.

POSIBLES CAUSAS DE LA NEGATIVA A IR AL COLEGIO

1. Nuestro hijo está enfermo. Debemos averiguar si está realmente enfermo o si simplemente se siente mal a causa del miedo o los nervios. Póngale el termómetro y, si aun así no se queda tranquilo, llévelo al médico.
2. Nuestro hijo se siente amenazado por la actitud de otros niños. Es posible que le cueste mucho hacer amigos, o que otros niños se burlen de él y le hagan pasar un mal rato. Hable con la profesora y encárguese de que el problema se solucione.

---

3. A nuestro hijo no le gusta su profesora o su profesor. Puede tener una reacción de rechazo con respecto a él, porque no le gusta su actitud, porque no le entiende o porque ha tenido algún conflicto con él.

4. Nuestro hijo se siente agobiado. Todo le parece muy difícil y no entiende las reglas, de modo que se siente terriblemente desamparado y no sabe qué hacer. Asimismo, es posible que, acostumbrado a los juegos tranquilos y minoritarios, no se sienta a gusto rodeado de tantos compañeros que van y vienen y no paran de moverse, especialmente en el patio.

5. Nuestro hijo no tiene claro que hay que ir al colegio todos los días. Quizás crea que sólo tiene que ir a la escuela de vez en cuando y se cansa de la obligación diaria. Recuérdele que el colegio no es un sitio donde uno va cuando no tiene nada mejor que hacer.

6. Nuestro hijo soporta mal el anonimato que significa el final de los cuidados cariñosos y personalizados. Tiene que compartir a la maestra con otros niños y le cuesta aceptarlo.

7. Nuestro hijo está preocupado por lo que pueda estar ocurriendo en casa. Si el ambiente familiar es conflictivo, si los padres tienen problemas afectivos o hay alguien en la familia que sufre una grave enfermedad, el niño puede mostrarse inquieto y desear estar en casa para poder asegurarse de que todo marcha bien.

Por regla general, los problemas surgen el primer día de escuela o unos días después, pero también pueden plantearse al cabo de varios meses o al empezar el segundo año. Su hijo ha estado yendo al colegio sin quejarse y de pronto se niega a ir, con lo que le pilla desprevenido. Para resolver el conflicto, primero deberemos determinar la causa que lo ha provocado. Puede ser que el niño se sienta dividido entre el deseo de estar con su antigua maestra, a la que ya conoce, y el deseo de hacerse mayor, que implica ir con una nueva profesora y a otra clase. O que haya habido algún malentendido entre la profesora y el pequeño, hecho que ha motivado su inseguridad. Averigüe cuál es el problema exactamente y póngale remedio lo antes posible.

CONSEJO ÚTIL

Ser padre implica tener un gran dominio de uno mismo y enfrentarse a menudo a sentimientos contradictorios. Sea fuerte y sus sufrimientos se verán recompensados.

35. VEAMOS QUÉ NOTAS HAS SACADO

Las notas o informes de nuestros hijos pueden ser causa de muchos y desagradables conflictos. Cuando un niño saca malas notas, los padres solemos tomárnoslo como un fracaso personal y nos enfadamos muchísimo. Pretendemos que nuestro hijo nos explique el porqué de su fracaso y, como éste es incapaz, le reñimos y le castigamos, o le amenazamos con enviarle a un internado. Este tipo de actitudes son comprensibles, pero muy poco productivas. Debemos tratar de averiguar la causa de dicho fracaso y buscar una solución eficaz. Piense que aunque haga ver que no le importa, su hijo es plenamente consciente de sus malos resultados. Podemos discutir con él la cuestión, pero tratando de ser constructivos, y es aconsejable que hablemos también con su profesor. Si nos limitamos a amenazarle y lo hacemos de un modo sistemático, acabaremos por no conseguir nada. Siempre es preferible apelar a la razón que al miedo a un castigo ciego. Y, sobre todo, no olvide nunca que su hijo debe vivir su propia vida y no vivir la vida que a nosotros nos habría gustado vivir ni tampoco llegar allí donde nosotros no pudimos llegar.

MODO DE ABORDAR UN BOLETÍN DE NOTAS O UN INFORME ESCOLAR

- Siéntese con su hijo y miren juntos el informe o boletín.
- Felicite a su hijo. Haga como mínimo un comentario positivo, aunque sea acerca de su puntualidad.
- No se ponga nervioso. Deje que su hijo dé su propia versión sobre las notas malas o los comentarios negativos.
- Pregúntele sin juzgarle ni criticarle: por ejemplo qué cree que podría hacer para sacar mejores notas la próxima vez. Así conseguiremos que reflexione sin que se sienta culpable.
- Demuéstrele que le entiende y que puede contar con usted. Dígale que le sabe mal que le hayan suspendido y que se juega algo a que le sabe fatal.
- Diseñe un plan de acción con su hijo y la profesora.
- No se lo tome como algo personal ni demasiado a pecho. No es más que una nota, así que no le dé más importancia de la que tiene. Lo importante son los resultados a largo plazo, y no un tropiezo más o menos.
- A la mayoría de los niños les gusta sentirse orgullosos de lo que hacen. Si apoyamos a nuestro hijo y le guiamos adecuadamente, tratará de cambiar, no porque se sienta coaccionado, sino porque realmente deseará hacerlo.

CONSEJO ÚTIL

No podemos vivir a través de nuestro hijo. Debemos sentirnos realizados con nuestra propia vida y ayudarle a que él también lo esté con la suya.

132

36. ES QUE MI HIJO ES DISLÉXICO

La dislexia, una dificultad que padecen ciertos niños para reconocer las formas escritas o para transcribir por escrito sonidos oídos correctamente, afecta aproximadamente a un diez por ciento de la población infantil. Ahora bien, en muchos casos esta peculiaridad se confunde con otro tipo de problemáticas. Así, por ejemplo, en ocasiones se toma por dislexia una simple falta de interés en el niño o la debilidad auditiva. Si cree que su hijo tiene este problema, lo primero que debe hacer es asegurarse de que sus dificultades no tengan otra causa distinta.

CÓMO RECONOCER LA DISLEXIA ENTRE LOS 7 Y LOS 11 AÑOS

- Su hijo destaca en algunas áreas, pero parece sufrir un bloqueo en otras.
- Le cuesta mucho leer y escribir.
- Confunde la letra *p* y la *b*, o la *p* y la *q*; y también números, como el 15 y el 51.
- Lee correctamente una palabra, pero le cuesta reconocerla cuando vuelve a aparecer un poco más abajo.

- Pronuncia una misma palabra de distintas formas y no sabe cuál de ellas es la correcta.
- Le cuesta concentrarse cuando lee o escribe.
- No entiende la noción de tiempo y le cuesta distinguir los distintos tiempos verbales.
- Confunde la izquierda y la derecha.
- Contesta oralmente las preguntas, pero le cuesta ponerlas por escrito.
- Es especialmente torpe.

Si responde afirmativamente varias de estas preguntas, debería consultar a un especialista.

Las causas de esta dificultad pueden ser muy variadas. A veces, se debe a un retraso en la maduración de los centros cerebrales que rigen la adquisición del lenguaje o a una falta de precisión en los puntos de referencia espaciales: izquierda y derecha, arriba y abajo. Otras veces, las causas son de tipo afectivo. El niño no sabe qué lugar ocupa con respecto a los distintos miembros de su familia; tiene problemas con su padre, con su madre o con algún hermano, y refleja dicha tensión en el terreno escolar. Si el conflicto afectivo no es grave o se soluciona de un modo efectivo, la dislexia suele desaparecer por sí sola. En la mayoría de los casos, no obstante, se trata de un problema grave que el niño no es capaz de solucionar solo, de modo que será necesaria la intervención de un especialista.

CONSEJO ÚTIL

La dislexia no es una enfermedad y en la mayoría de los casos tiene solución. No se desespere y ayude de un modo efectivo a su hijo; y piense que hay muchas personas inteligentes y creativas que han triunfado en la vida a pesar de ser disléxicas.

37. SI NO ESTUDIAS,

TE QUEDARÁS SIN TELEVISIÓN

La mayoría de los padres opinan que el mejor método para conseguir que un hijo estudie consiste en imponerle trabajo. Con el pretexto de que éste todavía no sabe lo que le conviene, y convencidos de que es lo mejor para él, inventan un sistema de recompensas, castigos y horarios que le obligan a no salirse del camino trazado. Pero tales reglas sólo sirven para coaccionar al niño y por tanto los resultados son siempre superficiales. Si el niño no siente un interés profundo por aprender, nuestros esfuerzos estarán condenados a fracasar. Así pues, hemos de favorecer siempre su curiosidad y fomentar un tipo de actividades que puedan desarrollarla: la lectura de una revista ilustrada, la visita a un museo, una conversación con gente adulta, etc. Tenga siempre presente que la escuela no es la única fuente para la adquisición de conocimientos y aporte su granito de arena día a día. Asimismo, trate de inculcar en su hijo un buen método de trabajo. Dedique parte de su tiempo a revisar sus deberes y a repasar con él la lección. Piense que para sus hijos es muy importante que se interese por su trabajo. Además, si está encima de ellos le será más fácil detectar anomalías o problemas específicos que puedan presentarse. A veces, los malos resultados se deben sólo a que no tienen un buen método para estudiar.

HÁBITOS DE ESTUDIO

1. Destine un espacio bien iluminado y tranquilo para que su hijo estudie.
2. Fije un horario para hacer los deberes y durante ese rato prohíba todo tipo de interrupciones y distracciones.
3. Convierta el estudio en algo rutinario.
4. Es aconsejable que descansen cada veinte o treinta minutos. Si paran durante cinco o diez minutos cada cierto tiempo, rendirán más.
5. Organice las tareas escolares. Anote en una libreta todo lo que tiene que hacer y deje que vaya tachándolo a medida que lo hace.
6. Enséñeles a recurrir a usted cuando no entiendan algo.
7. Habitúelos a practicar. Las lenguas, la música, las manualidades y la educación física requieren práctica.
8. Enséñeles a tomar buenos apuntes. Es fundamental.
9. Más vale trabajar cada día un poco, que dejarlo todo para el último momento.

Los padres debemos ayudar a nuestros hijos a adoptar un método de trabajo realmente eficaz. Esto implica limitar el tiempo destinado al estudio –un niño de nueve años debe estudiar entre media hora y una hora cada día más o menos– y ayudarles a comprender lo que estudian –si se limitan a memorizar unos contenidos no les servirá de nada–. No agobie a su hijo imponiéndole un exceso de trabajo porque lo único que conseguirá es que éste aborrezca la escuela y se niegue a aprender. Si su hijo se aprende la lección de memoria y luego la repite como si fuera un loro, hágale preguntas acerca del contenido. Si descubre que no entiende lo que dice, hágale ver que está perdiendo el tiempo, enséñele a ver el porqué de las cosas y a deducir. A la larga se lo agradecerá.

CUANDO LOS PROBLEMAS AFECTIVOS SON LA CAUSA

A veces, los problemas escolares no son sino un reflejo de conflictos afectivos muy profundos. En ocasiones, basta con que los padres tomen conciencia del mismo, pero muchas veces es necesaria la intervención de un especialista. Es el caso del niño que siempre está en la luna, que no escucha lo que le decimos. Se pasa el día soñando y es capaz de estar delante de un libro durante horas y no aprender nada. En clase suele pasar desapercibido porque no molesta ni es fuente de conflictos: simplemente, es como si no estuviera. Padres y maestros lo tildan de despreocupado y negligente, pero los castigos que se le imponen no producen el más mínimo efecto porque la causa del problema es otra. Este tipo de actitud es típica del niño al que la realidad le resulta demasiado dura; determinadas imposiciones le pesan más que a los demás niños y por esto se refugia en los sueños y vive al ritmo de su imaginación. El niño trata de huir, quizás a causa de algún problema afectivo –la preferencia de los padres por un hermano, la sensación de abandono– o quizás porque ha ocurrido algo que le atemoriza y no es capaz de asimilar: la muerte de un ser querido, la separación de sus padres. En cualquier caso, se trata de un problema muy serio que puede dificultar la maduración psicológica del niño de modo que, en la mayoría de los casos, será necesario recurrir a un psicólogo.

IDEAS BÁSICAS QUE SE DEBEN TENER EN CUENTA

1. No sirve de nada tratar de acumular conocimientos sin un marco de trabajo –horarios regulares, espacio destinado al estudio– y sin un método de trabajo –comprender lo que se memoriza, aprender por curiosidad y no por miedo a los castigos.

2. La escuela no es más que una parte de la vida del niño. Las diversiones, el juego, las relaciones sociales son igualmente esenciales para el desarrollo de su madurez intelectual.

3. Los problemas escolares no deben deteriorar las relaciones entre padres e hijos. Si un padre se convierte en el profesor particular de su hijo, éste acabará considerándole como tal y perderá su confianza en él.

4. No exija al niño por encima de sus posibilidades. Estimúlele, trate de determinar sus capacidades, aliéntele, pero siempre con exigencias razonables. Piense en él, en su felicidad, y no en lo que a usted le gustaría.

5. Si su hijo tiene problemas escolares, pregúntese si la causa es de tipo afectivo; a veces, se trata de algo pasajero y podrá resolverlo usted mismo, pero si no fuera así debe acudir a un especialista.

CONSEJO ÚTIL

Despierte en su hijo el sentido de la curiosidad y el interés por el mundo que le rodea. Tendrá menos problemas en el colegio y asimilará de verdad las cosas que aprenda.

38. ¿YA HAS HECHO LOS DEBERES?

El tema de los deberes preocupa mucho a los padres. Por un lado, existe la creencia de que si el niño no trabaja en casa no aprenderá lo suficiente y se quedará retrasado con respecto a otros niños. Por otro, el padre puede encontrarse con el engaño de su hijo: «Ya los he hecho» o «Hoy no nos han puesto». A todo ello hay que añadir el hecho de que, actualmente, la mayor parte de padres y madres trabajan todo el día y llegan a casa muy tarde, por lo que les resulta difícil controlar el trabajo diario.

ALGUNAS VERDADES SOBRE EL TEMA

Hasta los diez años, las seis horas diarias de clase son más que suficientes. Si los maestros aprovechan el tiempo y el alumno se esfuerza, progresará con perfecta normalidad e irá asimilando los conocimientos y recursos que debe asimilar. Ahora bien, lo que sí deben hacer los padres, y vale la pena que dediquen cierto tiempo a ello, es acostumbrar a sus hijos a trabajar metódicamente y a distribuir bien el tiempo del que disponen, a ser limpios y hacer bien las distintas tareas, a ser ordenados y cuidadosos con sus útiles de trabajo, y a preparar todos los días en su cartera lo que necesitan para el siguiente. Si se mantiene en contacto con la profesora de su hijo, le será muy fácil averiguar cuándo tiene deberes y cuándo no, y qué importancia tienen éstos dentro del curso. Si la profesora no le ha puesto deberes, pero queremos que trabaje un rato, es preferible que le proponga un tipo de actividades que desarrollen su creatividad, despierten su curiosidad y además le resulten entretenidas. Piense que para su desarrollo intelectual no basta con hacer ejercicios o, lo que es peor, con repetir los mismos ejercicios una y otra vez; hay que despertar su gusto por aprender y darle las herramientas necesarias para que pueda realizar bien su trabajo.

PADRES EXCESIVAMENTE EXIGENTES

A veces, las exigencias de los padres para con sus hijos son exageradas y, por lo tanto, contraproducentes. Si el niño flaquea en alguna asignatura, le ponen un profesor particular en casa o le llevan a una academia de repaso; y si va bien pero consideran que podría ir mejor, también. Otros padres prolongan su horario con todo tipo de actividades extraescolares –clases de música, dibujo, gimnasia rítmica o idiomas–. Está claro que los padres lo hacen con la mejor intención, pensando en el futuro del niño y para transmitirle unos valores culturales que para ellos son importantes, pero si este afán lleva a la supresión del descanso, del juego y del desahogo indispensables, acabarán atentando contra la salud física y moral de sus hijos. Las clases particulares deben limitarse a casos muy determinados y a períodos de tiempo breves. Las actividades extraescolares sólo deben alentarse cuando el niño manifiesta un cierto interés por ellas.

CONSEJO ÚTIL

Escuche a su hijo y no a esa voz interior que le recuerda todo lo que usted no tuvo o no pudo hacer cuando era pequeño.

39. A MI HIJO NO LE GUSTA LEER

Son muchos los padres que se quejan de que sus hijos no leen nunca. Parece que la televisión y los videojuegos han acabado con el placer de la lectura. Ello nos preocupa, claro está, porque entendemos que saber leer es importantísimo y repercute de forma directa en el rendimiento escolar de nuestros hijos. El niño que lee a menudo tiene un buen dominio del lenguaje, es capaz de hablar y escribir bien, y entiende el significado de las palabras, de las cosas que lee. Y ello le permite asimilar todo aquello que estudia, le facilita el aprendizaje de otras lenguas y le permite tener un buen nivel de redacción en los trabajos y exámenes.

ESTRATEGIAS PARA INTERESAR A NUESTROS HIJOS EN LA LECTURA

1. Deje todo tipo de libros, revistas y periódicos a mano, para que sus hijos tengan acceso a ellos. Los cómics son un vehículo ideal para iniciar a los pequeños en la lectura y para mantener despierto su interés.
2. Dé ejemplo leyendo a menudo, con la televisión apagada y

disfrutando con lo que hace. Aprenderán viéndole que leer es algo agradable y positivo.

3. Lleve a su hijo a la biblioteca. Explíquele cómo funciona y ayúdele a escoger los libros. No trate de imponerle nunca una lectura; limítese a hacer sugerencias y acepte lo que él elija. Deje que curiosee y haga sus propios descubrimientos.

4. Lea cuentos a su hijo. A la mayoría de los niños les encanta que les cuenten o les lean cuentos. Hay algo mágico en ello. Aprovéchelo para desarrollar su interés por la lectura.

5. Si descubre que un tema o un tipo de historia le han interesado, compre más libros que traten sobre ello o del mismo estilo. Lo más probable es que se interese por ellos y los lea.

6. Regálele un buen diccionario adaptado a su edad. Leer o consultar un diccionario puede resultarles muy divertido, especialmente si están ilustrados. Y se acostumbrarán a consultarlos y a saber cómo funcionan.

7. A los niños les gusta ir a una librería y escoger un libro. Llévelo de vez en cuando, o en ocasión de su cumpleaños u otra celebración, y déjele elegir.

8. Acostumbre a su hijo a leerle textos breves en voz alta. Conseguirá que pronuncie mejor y se sienta más seguro de sí mismo. Debe ser algo divertido, no una obligación desagradable. Hágale preguntas para ver si entiende lo que lee.

CONSEJO ÚTIL

La escuela se encarga de la educación de nuestros hijos, pero no podemos dejar todo el trabajo a los profesores. Los padres podemos enseñarles muchas cosas también, sobre todo predicando con el ejemplo.

144

40. MI HIJO NO SABE EXPRESARSE

Por regla general, los niños empiezan a hablar antes de cumplir el año y construyen las primeras frases antes de los tres. No obstante, es muy difícil fijar unas reglas concretas ya que cada niño sigue su propio proceso evolutivo. Sólo deberemos preocuparnos cuando nuestro hijo manifieste un retraso importante que se prolonga de forma anormal.

NIÑOS QUE MUESTRAN UN RETRASO GENERAL

A veces, el retraso del lenguaje no es un problema aislado, sino que va acompañado de un retraso generalizado. Suelen ser niños a los que les cuesta mucho asimilar las distintas etapas del desarrollo motor e intelectual: les cuesta tanto aprender a andar como aprender a hablar. En ocasiones son niños a los que les cuesta iniciar cada etapa pero que luego progresan más rápidamente que otros niños más precoces. Ahora bien, si pasado un tiempo no observamos dicha progresión, debemos llevarlo a un especialista y someterlo a una serie de pruebas sicológicas para determinar su nivel intelectual. Si el retraso es real, serán precisos un aprendizaje especial de la palabra y métodos pedagógicos adecuados. De este modo podrá desarrollarse con total normalidad sin la necesidad de competir con otros niños que tienen más facilidad.

NIÑOS QUE MUESTRAN UN RETRASO DEL LENGUAJE

Hay niños en los que las dificultades se limitan a la asimilación del lenguaje. Las causas de dicho retraso pueden ser muy variadas:

1. **Un entorno inmediato poco favorable:** Sus padres creen erróneamente que su hijo no puede entender el lenguaje adulto, o le alientan para que siga utilizando sus balbuceos, que les parecen encantadores. El resultado es el mismo en ambos casos: el niño se acostumbra a no hacer ningún tipo de esfuerzo y se queda estancado en su mundo infantil.

2. **Problemas de desarrollo:** Son niños que siguen siendo bebés, que tienen un comportamiento infantil impropio de su edad. Y la familia, quizás sin darse cuenta, fomenta dicha conducta. Padres superprotectores, padres dominantes, padres que se alarman por todo, padres a los que no les gusta ver crecer a sus hijos, padres que no permiten el menor asomo de independencia o creatividad, es decir, padres que aumentan en su hijo el miedo a crecer. Estos niños suelen manifestar defectos de pronunciación como el ceceo, la gangosidad, la imposibilidad de pronunciar determinadas letras o, incluso, tartamudeo.

3. **Problemas afectivos:** El niño intenta escapar de los conflictos familiares y para conseguirlo decide seguir siendo pequeño, se muestra muy unido a su madre y se expresa como si fuese un niño menor.

Defectos de pronunciación

Hay niños que hablan muy poco, y cuando lo hacen no se expresan correctamente. Si ante las primeras palabras de nuestro hijo reaccionamos demostrando indiferencia, nos burlamos, o le respondemos siempre con negativas, se desanimará y recurrirá a otros medios para hacerse entender. Así pues, nosotros podemos provocar con nuestro desprecio un serio bloqueo. Deje que exprese su voluntad y el contenido de sus pensamientos, fantasías, sentimientos y descubrimientos.

Regresiones del lenguaje

Las regresiones del lenguaje en niños que no habían manifestado ninguna anomalía concreta suelen ser consecuencia de acontecimientos importantes: el nacimiento de un hermanito, la muerte de un ser querido, etc. Su lenguaje se vuelve más infantil, su vocabulario es cada vez más reducido y empieza a manifestar problemas en la pronunciación.

Es muy importante que nuestro hijo no se sienta un fracasado. Hasta los siete u ocho años los niños no suelen experimentar este sentimiento, pero a partir de esa edad puede llegar a ser un sentimiento muy fuerte y tener consecuencias verdaderamente nefastas. Si su hijo tiene un problema, demuéstrele que puede contar con usted y ayúdele a encontrar una solución.

SI LA CAUSA ES DE TIPO AFECTIVO:

1. Reduzca al mínimo los conflictos familiares y cree en casa un clima favorable para que su hijo pueda desarrollarse de un modo armonioso y saludable.

2. Favorezca en su hijo la adquisición del lenguaje. Todos deben dirigirse a él utilizando un lenguaje normal y gramaticalmente correcto. No lo deforme ni emplee términos incorrectos o adaptados a él.

3. Anímele constantemente a utilizar el lenguaje. Escúchele cuando pronuncie uno de sus aburridos monólogos, conteste siempre sus preguntas, deje que exprese sus propias ideas y sentimientos.

4. No limite su empleo del lenguaje: tolere sus faltas y errores, no se burle de ellos y, sobre todo, no le obligue a callarse porque sí.

CONSEJO ÚTIL

Conservar la confianza de nuestro hijo es muy importante ya que, aunque éste suela alardear de lo contrario, a menudo nos necesita y debe poder recurrir a nosotros.

41. OS PASÁIS EL DÍA TUMBADOS EN EL SOFÁ

Si su hijo se pasa el día tumbado en el sofá o delante del televisor, y le preocupa su falta de actividad física, asuma su parte de culpa y recuerde que el mejor método consiste en predicar con el ejemplo. ¿Lleva usted una vida activa? ¿Practica algún deporte? ¿Le gusta andar y suele hacerlo? Si ha respondido que no a la mayoría de estas preguntas, debería replantearse algunas cosas. Quizás le convendría hacer un poco de ejercicio o cambiar algunas de sus costumbres. Si no está dispuesto a hacerlo por usted, hágalo por sus hijos. Si se empeña puede hacer que se apasionen, o al menos que se interesen, por cosas mucho más gratificantes y didácticas que la televisión. Escoja alguna actividad que pueda compartir con sus hijos, alguna que pueda gustarles.

ACTIVIDADES AL AIRE LIBRE

1. Llévelos al parque: pueden jugar a fútbol, a pasarse la pelota o el disco volador, al escondite, a pilla pilla, hacer volar una cometa, subirse a los barrotes, bajar por el tobogán, columpiarse, patinar sobre ruedas o aprender a batear.

2. Llévelos a la playa: es un marco idóneo para descubrir nuevas actividades y para descontrolarse sin molestar a otros y sin sufrir daños. Pueden nadar, jugar en el agua, a las palas, a voleibol, a hacer peleas, a construir castillos de arena o descubrir el placer de correr descalzos y poderse zambullir en el agua cuando se está cansado.

3. Organice una excursión en bicicleta: puede ser emocionante, sobre todo si es por el campo y la temperatura es agradable.

4. Llévelos de excursión al bosque y enséñeles a orientarse. Será mucho más divertido si escoge un lugar por donde pase algún riachuelo o haya una cascada.

5. Organice una excursión corta a caballo.

6. Si es socio de algún gimnasio, apúntelos también a ellos y trate de interesarles por alguna de las actividades que se organizan en él.

7. Enséñeles alguna antigua afición, por ejemplo, jugar a baloncesto o patinar sobre hielo.

8. Si su hijo muestra interés por alguna actividad física –ya sea en el colegio o fuera de él–, déjele aprenderla. Inscríbalo en algún centro o club donde pueda practicarla.

CONSEJO ÚTIL

El deporte y la actividad física son muy importantes dentro del proceso evolutivo del niño. Ayúdele a descubrir cuáles son sus aficiones y el enorme potencial que posee.

42. HA VUELTO A MOJAR LA CAMA

La enuresis es la emisión involuntaria e inconsciente de orina durante el sueño nocturno. Antes de los tres o los cuatro años no puede considerarse un síntoma patológico, ya que hasta esa edad el hecho de orinarse en la cama no tiene nada de anormal. Por regla general, una vez adquirida la continencia esfinteriana durante el día, el niño deja de mojar las sábanas en un plazo aproximado de tres meses. Así pues, el primer paso es enseñar al niño a controlarse durante el día.

REGLAS PARA ENSEÑAR A SU HIJO A CONTROLAR LOS ESFÍNTERES

- El proceso de aprendizaje debe empezar hacia los dieciocho meses y debe ir siempre acompañado de la tolerancia y la comprensión.
- Explíquele lo que espera de él.
- Piense que, si se despreocupa excesivamente del tema, es posible que su hijo no capte el mensaje.
- Al principio, ponga el orinal en el lavabo. Cuando sea un poco más grande, acompáñelo al lavabo cada poco tiempo,

si hace falta cada cinco minutos; y si no le sale el pipí no se enfade ni le regañe.

- Acostúmbrelo a utilizar el lavabo tan pronto como sea posible.
- Haga siempre lo mismo para que el niño aprenda a repetirlo de un modo automático.
- Si orinar le produce dolor, consulte a un especialista.
- Cuando crea que ha llegado el momento, sáquele los pañales, pero deje un orinal a mano.
- Felicítele cada vez que le pida para hacer pipí y cada día que consiga llegar a la noche sin mojar la ropa.
- No se dé por vencido, por muy desesperado que esté.

DESCUBRA SI EL NIÑO TIENE ALGÚN PROBLEMA FÍSICO

En la mayoría de los casos la enuresis se debe a problemas afectivos o a un retraso en el desarrollo del pequeño. Ahora bien, si a su hijo se le escapa el pipí durante el día a pesar de haber cumplido ya los tres años, si al orinar experimenta escozor o dolor, si la orina tiene un olor muy fuerte, si se le escapan gotitas continuamente o tiene que ir corriendo al lavabo porque se le escapa constantemente, debe consultar a su pediatra. Puede tratarse de una infección de la orina y para curarla será necesario realizar un tratamiento a base de antibióticos.

ENURESIS PRIMARIA

La enuresis primaria es la que afecta al niño que nunca ha conseguido controlarse durante la noche. Es un problema más típico de los niños que de las niñas. Durante los primeros veinticinco o treinta meses, el varón orina en erección. Cuando su desarrollo anatómico es completo deja de ser así, pero en su mente el placer sensual y la acción de orinar pueden quedar asociados de un modo inconsciente. Esta confusión, claro está, es mucho menos probable en el caso de las niñas. A medida que el niño crece, la preocupación de los padres aumenta. No obstante, no debemos engañarnos diciéndonos que nuestro hijo lo hace adrede o que no se esfuerza lo suficiente. En la mayoría de los casos, la causa es de tipo afectivo. En ciertas ocasiones, revela una actitud agresiva con respecto a los que le rodean; en otras, una búsqueda de satisfacción física y en otras, las más, un deseo de continuar siendo pequeño, o porque le da miedo crecer o porque no está de acuerdo con las exigencias familiares en el campo de la higiene.

ENURESIS SECUNDARIA

El niño que sufre de enuresis secundaria es aquel que vuelve a orinarse en la cama después de varias semanas, meses o incluso años de control nocturno. La enuresis secundaria es una regresión temporal debida a un acontecimiento señalado, por ejemplo, el nacimiento de un hermanito o la separación de los padres, o a un susto o experiencia fuerte, por ejemplo, la visión de una película muy violenta. Si quiere que su hijo supere el problema, hable abiertamente con él, no lo culpabilice, ni le riña, ni le compadezca, y no se le ocurra tratarlo como a un bebé. Sólo precisa que le ayude.

ACTITUD QUE DEBEN ADOPTAR LOS PADRES

1. No sirve de nada ponerle pañales hasta que deje de orinar-

se. Si seguimos tratándole como a un bebé, difícilmente conseguirá controlar los esfínteres.

2. No culpe a su hijo. Podemos explicar al niño que nos gustaría que progresase en ese tema, pero no debemos hacer que se sienta culpable. Se trata de motivarle, no de empeorar las cosas.

3. No cuente públicamente que su hijo se orina en la cama. Avergonzándole sólo conseguirá agravar el problema.

4. Implique a su hijo. Pídale que le ayude a cambiar las sábanas o a lavar la ropa que ha manchado. No se trata de imponerle un castigo, sino de que el niño se haga consciente del problema y asuma las consecuencias.

5. Aumente las demostraciones de ternura y ayúdele a sentirse integrado en la vida familiar.

6. Hágale ver que al crecer no sólo adquiere nuevas responsabilidades, sino también derechos y libertades.

7. Si su hijo ya ha cumplido los seis años, visite a un especialista. Si no soluciona el conflicto, su hijo acabará teniendo problemas de autoestima o una terrible sensación de fracaso, y se dará por vencido a la primera.

CONSEJO ÚTIL

Si decide levantar a su hijo cada noche y acompañarle al lavabo, asegúrese de que está totalmente despierto. De lo contrario, se acostumbrará a orinar entre sueños.

43. NO TE MUERDAS LAS UÑAS

Hay niños que se muerden las uñas hasta comérselas. Muchos padres creen que se trata de una mala costumbre, pero en realidad es un síntoma e indica cierta tensión o ansiedad en el pequeño. Normalmente, los niños que se muerden las uñas ya han manifestado en su más tierna infancia otros signos de inquietud, como son una conducta anómala en relación con el apetito o la succión del pulgar. El niño suele morderse las uñas en situaciones o momentos concretos: en el colegio, delante del televisor, mientras ve una película, antes de dormirse, es decir, cuando se ve obligado a permanecer quieto y su ansiedad no encuentra otra forma de expresión.

SIGNIFICADOS DE ESTE COMPORTAMIENTO

La onicofagia, o acto de morderse las uñas, puede tener distintos significados:

1. Puede representar la descarga de una emoción, como la ira o la rabia. En este caso, el gesto agresivo del niño no va dirigido a una tercera persona, sino a sí mismo. El pequeño no

se atreve o no sabe manifestar de un modo abierto su hostilidad hacia aquellos que le rodean y se ve obligado a desviar dicha agresividad hacia su persona.

2. Puede ser un autocastigo. El niño espera que este castigo simbólico le salvará de un castigo más duro y severo.

Sea cual sea su significado, le sirve al niño de válvula de escape y suele ir acompañada de una sensación de descanso y alivio.

MEDIDAS DESACONSEJABLES

1. Untar los dedos del pequeño con líquidos malolientes.
2. Obligarle a llevar guantes, incluso en verano.
3. Restringir su libertad de movimientos atándole las manos.
4. Amenazas y castigos.
5. Sobornos y recompensas.
6. Hacer comentarios al respecto a todas horas.

NOCIONES FALSAS ACERCA DE LAS CONSECUENCIAS

A los padres les preocupan los posibles trastornos digestivos de su hijo al tragarse las uñas, así como las infecciones de la boca o del tubo digestivo. La onicofagia, sin embargo, no representa ningún peligro para el organismo de nuestro hijo. No es eso lo que debe alarmarnos, sino la verdadera causa del problema. La onicofagia es ante todo un síntoma pero, si no se trata correctamente, puede llegar a convertirse en una costumbre, es decir, en un ademán automático, frecuente y muy difícil de erradicar. Si trata de hacer desaparecer la onicofagia de su hijo con uno de los métodos erróneos que mencionamos más arriba, tan sólo conseguirá sustituirla por otro síntoma peor –por ejemplo, un tic facial– o intensificar las causas mismas que originaron el problema –problemas afectivos, miedos, etc.

CONSEJO ÚTIL

Escuche a su hijo. En él encontrará las respuestas a la mayor parte de sus preocupaciones.

44. DEJA DE CHUPARTE EL DEDO

Que un niño de dos o tres años se chupe el pulgar o incluso los demás dedos no tiene nada de alarmante. A todos los niños les gusta chupar, mamar o lamerse los dedos durante los primeros años de vida. El contacto de la boca y los labios con un objeto les produce un intenso placer comparable al que les producen actividades como comer o dormir. El problema surge cuando esta costumbre persiste en edades en que el pequeño debería sentirse atraído por otros placeres.

CAUSAS QUE PROLONGAN ESTE COMPORTAMIENTO

Por regla general, el niño se chupa el dedo cuando se siente insatisfecho o cuando algo le da miedo. Así, por ejemplo, un niño de cuatro años para el que las obligaciones de su edad resultan excesivas y desagradables tratará de recuperar las cosas que le proporcionaban placer cuando era más pequeño. Inconscientemente piensa que si se chupa el dedo seguirá siendo un bebé y, por tanto, recuperará los privilegios de antaño. Lo mismo ocurre si su relación con los padres o el entorno le produce una profunda insatisfacción.

ACTITUD DE LOS PADRES

Lo primero es tratar de averiguar cuál es el problema que se esconde tras esa mala costumbre. Si conseguimos descubrir y resolver el conflicto emocional de fondo, es probable que nuestro hijo abandone por sí solo dicha práctica. Hemos de ser tolerantes y pacientes. No trate de suprimir la succión del pulgar por la fuerza, ya que podría resultar contraproducente. Las advertencias, la persuasión, las amenazas, las promesas y las burlas no harán sino reafirmar en el niño esa costumbre.

MEDIDAS PREVENTIVAS
PARA EVITAR ESTE TIPO DE COMPORTAMIENTOS

- No le explique cuentos terroríficos y absurdos para conseguir de su hijo una mayor obediencia.
- Alivie la tensión que provocan los problemas educativos dentro del entorno familiar.
- No someta al niño a una constante y angustiosa vigilancia.
- Acepte los miedos de su hijo, procure comprenderle y no se burle nunca de él. Escúchele siempre, tranquilícele y trate de consolarlo.

CONSEJO ÚTIL

Una medida educativa no puede ser útil si no es coherente con las exigencias y necesidades del niño.

45. YO NO HE SIDO, HA SIDO ÉL

A los padres les molesta mucho que sus hijos digan mentiras y no se dan cuenta de que un niño de cuatro, cinco, seis o incluso siete años no siempre es capaz de distinguir entre lo real y lo imaginario. A esa edad creen en todo aquello que sueñan o imaginan, y están plenamente convencidos de que sus mentiras son verdad. Ahora bien, si al cumplir los ocho o nueve años el pequeño sigue teniendo problemas para diferenciar sus fantasías de la realidad, deberemos empezar a preocuparnos.

Las motivaciones del niño suelen ser cuatro: miente para conseguir elogios y afecto, para ocultar su culpabilidad, para evitar un castigo o como un acto de hostilidad general. Así pues, si queremos que nuestro hijo no mienta, tendremos que demostrarle con nuestra actitud que no tiene por qué mentir, que puede confiar en nosotros y que existen mejores soluciones que ésa.

CLAVES PARA DESCUBRIR SI NUESTRO HIJO MIENTE

• Se mueve de un lado a otro, está inquieto y se retuerce las manos.

- Trata de no mirarle a los ojos.
- La historia que le explica no cuela.
- Modifica la explicación diversas veces.
- Parece asustado.
- Sus explicaciones son poco precisas.
- Su intuición le dice que hay algo que no encaja.

ALGUNAS SUGERENCIAS PARA AYUDAR A SU HIJO

1. Dé buen ejemplo. Si usted dice una mentira y sus hijos le pillan, admítalo y pídales perdón. Explíqueles que si alguien no dice la verdad lo menos que puede hacer es confesarlo. Aproveche sus propios errores para enseñarles algo positivo.

2. Si su hijo dice una mentira, no pierda los nervios. Es posible que su hijo esté confundido, que esté fantaseando o muerto de miedo. Chillándole sólo conseguirá empeorar las cosas.

3. Antes de sentenciarlo a muerte, trate de averiguar cuál es el problema. Si teme el castigo y nos ponemos duros, seguirá tratando de defender su inocencia, cueste lo que cueste.

4. Si tiene ganas de reñir a su hijo, muérdase la lengua. Piense que si éste se pasa el día mintiendo, lo más probable es que no confíe mucho en sí mismo; si lo humilla o lo ridiculiza, todavía tendrá una opinión más pobre de sí mismo.

5. Trate de descubrir por qué le da miedo decir la verdad. Pregúntele algo así como «¿Qué crees que pasaría si fuese verdad?».

6. Dígale que sabe que es una persona honrada y que precisamente por eso se siente tan decepcionado con su comporta-

161

miento, y que ahora que ya está todo aclarado debe intentar que no vuelva a suceder.

7. Si no tiene ninguna duda al respecto, dígale como quien no quiere la cosa que sabe que ha mentido. Si su hijo lo niega, no se enzarce en una discusión violenta con él. Dígale simplemente: «Ve y piensa en ello. Si te resulta más fácil, puedes escribirlo en un papel y hacérmelo llegar. Después ya hablaremos».

8. Deje que su hijo asuma las consecuencias de su mentira. Si no ha hecho los deberes porque no ha querido y a usted le ha dicho que no tenía, no caiga en el error de escribir una nota para la profesora disculpando a su hijo. Ya sabe, más vale prevenir ahora que tener que curar después.

9. Aunque esté cansado y tenga la sensación de que no merece la pena, llegue hasta el final. Si su hijo le ha escrito una nota admitiendo que ha sido él, siéntese a hablar con él, o si el caso lo requiere, sancionele. De lo contrario, su hijo pensará que mentir no debe ser tan grave después de todo.

10. Una vez resuelto, olvídelo. No lo saque a relucir una y otra vez, o su hijo acabará convirtiéndose en un mentiroso profesional empujado por la opinión que usted tiene de él.

11. No sea excesivamente estricto con su hijo. Si le exige demasiado, es posible que para satisfacerle no encuentre otra solución que mentir.

12. Distinga las mentiras que no tienen importancia de las que sí la tienen. De lo contrario, corre el riesgo de ver problemas donde no los hay.

13. Si su hijo es todavía pequeño, piense que a lo mejor no es consciente de que está diciendo una mentira. Aprovéchelo para explicarle la diferencia entre lo que es real y lo que no lo es.

14. Siempre que sea posible, dígale a su hijo lo que puede pasar si miente.
15. Si acusa a su hijo de haber mentido y después descubre que se ha equivocado, pídale perdón. Ya sabe, un buen ejemplo vale más que mil palabras.
16. Si su hijo ya es mayorcito y se ha convertido en un mentiroso compulsivo, llévelo a un especialista. Si lo ignora, no conseguirá solucionar el problema.

CONSEJO ÚTIL

Cuanto más severos son los padres, más mienten los niños. No se trata de que en casa reine la anarquía; simplemente debemos aceptar que a veces tenemos parte de culpa y que, si el niño nos teme o no confía en nosotros, es muy probable que acabe refugiándose en la mentira.

---

46. ¡JODER, VAYA MIERDA!

Las palabrotas suelen sacar de quicio a la mayoría de los padres. Pero hemos de afrontar los hechos; tan pronto como el niño empieza a ir al colegio, su repertorio de palabras soeces aumenta de un modo prodigioso. Primero las oye y las repite sin ni tan siquiera saber qué quieren decir. Las utiliza porque cree que de este modo demuestra ser más adulto. Además, muchos padres dicen palabrotas, sobre todo cuando están enfadados, o mientras conducen. Ahora bien, eso no quiere decir que debamos resignarnos a que nuestros hijos se pasen el día insultándose o blasfemando. Es normal que se sientan atraídos por este tipo de palabras e incluso que quieran experimentar con ellas y ver qué reacciones provocan. Pero debemos prohibirles que las utilicen en casa.

CÓMO LUCHAR CONTRA LOS INSULTOS

1. Si su hijo dice palabrotas pero no sabe lo que está diciendo, explíquele el significado de sus palabras. Aproveche la ocasión para contarle que hay palabras que se consideran ofensivas por razones religiosas o culturales.

2. La mayor parte de los insultos son sonoros y pegadizos, de modo que uno se acostumbra a usarlos, especialmente cuando está enfadado o pierde los estribos. Sugiera a sus hijos palabras alternativas para dichas ocasiones (por ejemplo, «maldición», «mecachis», «ostras», «diantre», «jolines» o «jopelines»).

3. Dé buen ejemplo. Si usted dice palabrotas sus hijos también las dirán. Hay que vigilar especialmente cuando son pequeños, porque tienden a repetir como loritos todo aquello que oyen, sobre todo cuando es algo que no queremos que digan.

4. Quizás su hijo no oiga tacos en casa, pero los oirá en el colegio y en casa de algunos de sus amigos. Si le pregunta al respecto, explíquele que ya sabe que hay gente que dice palabrotas pero que en casa la regla es que no se utilizan. Manténgase firme. Si el niño tiene edad suficiente, opte por la ironía:

   –Pues en casa de Javier Román todos dicen palabrotas.

   –¿Estoy yo confundido o mi apellido sigue siendo Sánchez?

5. Muchos niños dicen palabrotas para impresionar o llamar la atención de los adultos. Si se diera el caso, dígale a su hijo que no le gusta ese tipo de lenguaje y acto seguido siga con lo que estaba haciendo. No se enfade ni pierda los nervios, o su hijo habrá aprendido un nuevo método para hacerle rabiar.

6. Explíquele que en su habitación, a solas, puede decir todas las palabrotas que quiera, pero que delante de usted no se le puede escapar ni una.

7. También puede ignorar a su hijo por completo cada vez que éste diga algún improperio, hacer ver que no ha oído nada. Lo más probable es que vuelva a decirlo, esta vez más fuer-

te. Durante algún tiempo insistirá y es incluso posible que le pregunte directamente si ha oído lo que acaba de decir. No haga nada y seguro que, aburrido o asqueado, se rendirá antes que usted.

8. Otra posibilidad consiste en hacerse el tonto. Cuando su hijo diga algún taco o palabra fuerte, ponga cara de merluzo, dígale que no entiende lo que quiere decir y pídale que se lo explique:

    –¡El profesor de matemáticas es un cabrón!

    –¿Qué quieres decir? ¿Qué significa «ser un cabrón»?

    Si le pide a su hijo que le explique una palabra que él sabe que es grosera u obscena, se pondrá rojo como un tomate. Utilice su turbación para explicarle que así es como se sienten los demás cuando oyen a alguien decir una palabrota. Y que no está nada bien eso de violentar a los demás.

9. En muchas películas o programas de televisión, incluso el bueno dice tacos. Y eso a los niños les atrae mucho. Explíqueles que, aunque en la televisión las utilicen, ese tipo de palabras no son admisibles en casa. Y que a algunos guionistas les gusta impresionar o escandalizar a la audiencia y por eso incluyen palabrotas en sus guiones. Deje bien claro que es algo absolutamente inadmisible en casa; en las películas también salen asesinatos y no por eso el asesinato deja de ser algo malo e inaceptable.

10. Muchas personas dicen tacos porque su vocabulario es limitado y a menudo no saben qué decir. Enseñe palabras más ingeniosas y divertidas a sus hijos y anímeles a usarlas. Y, cuando las utilicen, felicítelos.

MEDIDAS EXTREMAS

Si a pesar de todos sus esfuerzos su hijo sigue diciendo palabrotas, dígale que se ve obligado a tomar ciertas medidas y especifique cuáles son:

- Si sigue diciendo tacos perderá algún privilegio, como por ejemplo el de ver la televisión.
- Si por el contrario no dice palabrotas, conseguirá algún privilegio extra.
- Obligarles a salir de la habitación y prohibirles la entrada hasta que no sean capaces de hablar de un modo más civilizado.
- Obligarles a repetir el taco en cuestión cien veces (para que acaben aborreciéndolo).
- Hacerles pagar una multa cada vez que digan una palabrota (parte de su semanada o de sus ahorros).

CONSEJO ÚTIL

Recuerde que un padre debe ser capaz de dar buen ejemplo las veinticuatro horas del día. Por eso a veces resulta tan duro y desesperante.

47. NO, NO Y NO

Nosotros, los padres, hemos de enseñar a nuestros hijos a expresar sus enfados de un modo correcto. Y ser consecuentes cada vez que tengan un berrinche. De lo contrario, cabe la posibilidad de que no aprendan a controlar nunca sus ataques de mal genio y acaben convirtiéndose en verdaderos expertos de las rabietas.

LA ENSEÑANZA A TRAVÉS DEL EJEMPLO

- Si está enfadado, dígaselo a su hijo. Así éste sabrá lo que pasa y podrá aprender de su comportamiento.
- Trate de no perder los nervios. Si tiene que enfadarse, enfádese, pero sin perder los estribos.
- Explíquele a su hijo por qué está enfadado. Cuanto más sencilla sea la explicación, mejor.
- Cuéntele lo que piensa hacer para resolver el problema. Es difícil, pero así sabrá hacia dónde debe dirigir sus esfuerzos.

EVITE LAS SITUACIONES
QUE PUEDAN PROVOCAR UNA RABIETA

La mayoría de las situaciones que provocan un berrinche en nuestro hijo son perfectamente previsibles. Así pues, son muchas las cosas que podemos hacer para prevenir esa reacción tan desagradable.

1. Si cada vez que salen o su hijo va con usted al supermercado le compra una chuchería o un juguete, éste se acostumbrará a pedirlo sistemáticamente y cuando no lo consiga cogerá un berrinche.

2. Las rabietas suelen ser más frecuentes cuando el niño está cansado o tiene hambre. Extreme las precauciones cuando se acerque la hora de la comida o a última hora de la noche. No le dé algo de comer para tenerlo distraído, ya que si se convirtiera en una costumbre su hijo podría acabar engordando.

3. Es más probable que nuestro hijo tenga una rabieta después de hacer algo excitante o extenuante. Por ejemplo, cuando vamos a recogerlo después de una fiesta de cumpleaños o cuando ha pasado el día fuera de casa.

4. Cuando su hijo y usted han pasado varias horas separados, para restablecer la buena comunicación, puede contarle lo que ha estado haciendo durante ese intervalo de tiempo y preguntarle a él lo que ha hecho. El niño lo agradecerá y además puede ser un modo de poner unos buenos cimientos comunicativos que le serán muy útiles cuando su hijo sea más grande.

5. Los berrinches suelen ser más habituales cuando estamos fuera de casa, especialmente en lugares donde hay mucha

gente. El niño sabe que cedemos antes cuando estamos en público. Debe acostumbrar a su hijo poco a poco. Las primeras veces que lo saque a pasear, hágalo durante un período de tiempo corto y manténgalo ocupado. Vaya aumentando el tiempo de un modo gradual.

6. Las rabietas suelen ser peores delante de otros familiares, sobre todo cuando se trata de los abuelos. No dejen que se entrometan en sus asuntos. Dígales que sabe arreglárselas solo y que espera poder contar con su apoyo.

NO SE DEJE SOBORNAR

Si para evitar que su hijo coja un berrinche cede a sus demandas, éste aprenderá que el soborno es algo positivo que permite conseguir aquello que uno quiere. Ya sé que a veces es más fácil rendirse y tener la fiesta en paz, pero a la larga esto puede ser muy contraproducente y provocar serios conflictos entre padres e hijos. Es preferible mantenerse firme ahora, cueste lo que cueste, ya que así se evitará un montón de problemas en el futuro.

MÉTODO DE LA DISTRACCIÓN

Si ve que su hijo está a punto de hacer una escena, trate de distraerlo. Este método sólo funciona si se es rápido.

- Hágale hacer algo útil. Si su hijo se empeña en comer, pídale que le ayude a poner la mesa o que le acompañe a ver si ya es la hora de cenar.
- Comente lo que ocurre a su alrededor. Si mientras van por la calle va describiendo lo que ve –vamos a cruzar la calle,

miramos si viene algún coche, el semáforo se ha puesto rojo, mira qué perro más bonito–, el niño estará distraído y se olvidará de su enfado.

- Pregúntele algo. Si su hijo se detiene a pensar en una posible respuesta, dejará de pensar en la causa de su ira. Es muy difícil pensar en dos cosas a la vez, sobre todo para los niños.

- Distráigale con algún juguete o algún muñequito. Trate de tener siempre algo a mano.

RAZONES QUE EXPLICAN
LA FALTA DE PROGRESO EN ESTE TEMA

1. Su hijo tiene un carácter realmente difícil y lo ha tenido desde que nació.

2. Usted no ha sabido mantenerse firme y su hijo no ha aprendido a controlar su mal genio.

3. Su reacción ante los berrinches de su hijo no ha sido consecuente, por lo que el niño no ha aprendido a controlar su ira.

4. Su hijo ha visto muchos enfados y ataques de ira en casa, y piensa que son un buen método para conseguir lo que se desea.

5. Su hijo se enfada cada vez que se siente frustrado. Se ha convertido en un mal hábito.

CONSEJO ÚTIL

Si su hijo se enfada y coge un berrinche, enséñele que cuando se le pase debe pedir perdón. Así aprenderá a poner fin a una discusión sin perder la amistad del otro.

48. ¿DE DÓNDE HAS SACADO

ESTE COCHECITO?

Si un niño pequeño ve algo que le gusta, lo coge. No comprende la noción de propiedad y, por tanto, no podemos considerarle un ladrón. Ahora bien, eso no nos exime de nuestras obligaciones de padres. Mientras nuestro hijo no alcance la edad de siete u ocho años, nos tocará estar muy alerta en los supermercados y las tiendas, pedir disculpas y devolver todo aquello que haya conseguido jugando sucio y pasar revista de vez en cuando a su habitación y sus bolsillos. Le explicaremos además que esas cosas no le pertenecen y que ésa es la razón por la que no se las puede quedar. Cuando el niño tenga edad suficiente, le acompañaremos de nuevo a la tienda, le obligaremos a pedir perdón y a devolver lo que haya cogido. Es posible que nos resulte bastante violento, pero es necesario hacerlo.

NO SAQUE LAS COSAS DE QUICIO

Que un niño trate de robar algo en una tienda no tiene nada de particular; la mayoría lo intenta alguna vez. Lo que hemos de evitar es que ese acto aislado pueda convertirse en una mala costumbre o en un vicio incontrolable. Que nuestro hijo nos coja dinero del monedero un día o robe un disco de unos grandes almacenes con los amiguitos de la pandilla porque cree que así demuestra algo, no quiere decir que sea un ladrón. Hemos de corregir su conducta, por supuesto, pero sin perder la calma ni exagerar la gravedad de la situación.

ENSEÑE A SUS HIJOS QUE ROBAR NO ESTÁ BIEN

1. Deje bien claro cuál es su opinión al respecto. Aproveche cualquier conversación o película que trate el tema para explicarles lo que piensa de las personas que roban. Eso implica, claro está, ser coherente; así pues, si en una tienda le devuelven cambio de más, deberá decirlo al cajero, y, si ve a alguien robando en un supermercado, deberá avisar al encargado de la seguridad. De lo contrario, sus palabras no servirán de nada.

2. Si su hijo roba algo y usted lo descubre, pregúntele qué cree que debería hacer para enmendar su falta. Si no le responde, dígale que la respuesta correcta es devolverlo.

3. Asegúrese de que su hijo dispone del dinero necesario para hacer frente a sus pequeños gastos diarios. Quizás el problema es que no le llega el dinero para salir con los amiguitos y por esto lo roba.

4. Intente descubrir la razón de fondo, el motivo real que le impulsa a robar. Quizás alguien le está amenazando y se ve obligado a darle dinero para que le deje en paz.

5. Asegúrese de que no deja dinero a mano, o su hijo puede sentirse tentado a robarlo.

6. Explíquele a su hijo alguna anécdota acerca de algo que robó; dígale cuáles fueron las consecuencias y qué aprendió de dicha experiencia. Su hijo comprenderá así que todo el

mundo comete errores y que si uno es capaz de rectificar no tiene por qué pasar nada.

7. Si su hijo se porta bien y no roba, felicítelo. Dígale que está convencido de que es capaz de vivir sin robar nada y que se siente orgulloso porque sabe lo mucho que se esfuerza.

8. Valore su honradez. Normalmente sólo nos fijamos en lo que nuestros hijos hacen mal y no hacemos mención especial de lo que hacen bien. Felicíteles cada vez que destaquen por su honradez.

UTILICE SU SENTIDO COMÚN

- Si roba porque los amigos le inducen a hacerlo, trate de ayudarle a encontrar nuevos amigos. O hable con los padres de los otros niños e intente encontrar una solución conjuntamente con ellos. Si ninguna de las dos propuestas funciona, supervise durante algún tiempo sus juegos y sus salidas.

- Si alguien está abusando de su hijo y le obliga a darle dinero, habla con el director del colegio o con la policía.

- Si cree que su hijo necesita la ayuda de un especialista, contacte con alguno.

- Si su hijo roba por puro vicio, encárguese de que haga alguna obra social: cuidar ancianos durante las horas libres, ayudar en algún comedor de beneficencia, etc. Le ayudará a tener otra visión de las cosas.

- Si su hijo roba a los compañeros de clase, póngase en contacto con el colegio. Devuélvalo todo y explique que está dispuesto a colaborar en lo que sea para que su hijo deje de hurtar. Es aconsejable que no corra la voz; de lo contrario, los otros niños no querrán jugar con su hijo, ni le invitarán a su casa, y esto podría ser contraproducente.

- Trate de analizar las infracciones de su hijo con cierta objetividad.
- Cuando lo pille haciendo algo bueno o especialmente destacable, dígaselo.
- No tache a su hijo de ladrón.
- Tenga paciencia, manténgase firme y sea siempre cariñoso.
- Dé buen ejemplo.

CONSEJO ÚTIL

Si quiere que su hijo respete la ley debe ayudarle a interiorizarla, es decir, a aceptarla sin reservas mentales. Pero para que esto sea posible, antes debe sentirse aceptado por los adultos. Intente que las relaciones afectivas con su hijo sean positivas.

---

49. ¡HAS HECHO TRAMPA!

Por regla general, los niños no saben perder. Cuando la suerte no está de su parte, se sienten ultrajados, lloran de pura rabia o pierden los nervios y se enfadan enormemente. Como ninguno de estos desenlaces les apasiona, aprenden a hacer trampas, un método infalible para no perder nunca. Es entonces cuando las reglas cambian de una partida a la otra, siempre en beneficio de nuestro hijo, por supuesto; o cuando desaparece misteriosamente alguna carta; o cuando surgen las explicaciones draconianas que sólo pretenden distraer nuestra atención.

A los niños, al igual que a los adultos, les gusta ganar, así que no debe extrañarnos que intenten hacer trampas. Tenga en cuenta que hasta cierta edad no son conscientes de que los demás también tienen sentimientos; para ellos, el término justicia es todavía muy relativo. Si le preocupa que su hijo haga trampas, ayúdele a superar este período egoísta para que no acabe convirtiéndose en un tramposo crónico.

LAS REGLAS DEL JUEGO

1. Deje siempre claro que hacer trampas no está bien. Pregunte

a su hijo si le parecería bien que otro hiciera trampas. Ponga ejemplos concretos.

2. Asegúrese de que su hijo entiende las reglas del juego. Dígale que no seguir las reglas quiere decir hacer trampas, pero que usted está convencido de que nadie hará trampas porque es más divertido. Repítalo tantas veces como sea necesario.

3. Si su hijo es muy pequeño, puede dejarle pasar una o dos cosas. De todos modos, es mejor tratar de evitar cualquier trampa desde el principio, por pequeña que sea.

4. Si no puede aclarar lo que ha ocurrido, ponga punto final a la partida. Aprovéchelo para hablar con sus hijos y vuelva a decirles que no le gustan nada las trampas.

5. Si sabe que su hijo tiene la costumbre de hacer trampas, trate de supervisarlo cuando juegue con otros niños: juegue con ellos, entre en la habitación mientras juegan y obsérvelos, etc. Juegue con su hijo a solas y ayúdele a corregir este mal hábito.

6. Felicíteles siempre que jueguen limpio y dígales que se siente muy orgulloso de ellos.

7. Aproveche cualquier ocasión para hablar del tema: una película, un programa de televisión, un partido de baloncesto, etc.

8. Enseñe a su hijo a pedir perdón, pero no haga que se sienta humillado. Podría ser contraproducente.

9. Si su hijo ha hecho trampas y los demás niños le acusan de ello, déle todo su apoyo. Explíquele que todos cometemos errores y que le comprende; y que está convencido de que no volverá a ocurrir.

10. Si la situación empeora y usted no sabe cómo ayudarle, consulte con un especialista.

CONSEJO ÚTIL

Piense que, cuando su hijo manifiesta un comportamiento negativo, suele haber una causa. Ayúdele.

50. SI SIGUES ASÍ,

ACABARÁS ENCONTRANDO PETRÓLEO

Imagínese que está en el supermercado haciendo cola para pagar. Su hijo está distraído mirando los otros carros y los demás niños que, como él, avanzan lentamente hacia la caja. De repente, se fija en él y descubre que está hurgándose la nariz de un modo enérgico y apasionado. Está tan absorto que ni siquiera es consciente de lo que hace, pero usted sí. Tiene la impresión de que todo el mundo debe estar mirando a su pequeño y pensando que es usted un padre poco competente puesto que no ha sabido enseñar a su hijo a sonarse de un modo civilizado.

LAS NORMAS SOCIALES

Existen una serie de convenciones sociales que, como es natural, los niños no conocen ni tienen por qué entender. Somos nosotros los que hemos de explicárselas. Si empezamos cuando todavía son pequeños –cuatro o cinco años–, se acostumbrarán a actuar correctamente sin que ello les represente ningún problema. Además, a esa edad, si un día olvidan lo que les hemos estado enseñando y vuelven a hurgarse la nariz, nadie se sentirá terriblemente ofendido: no es lo mismo ver a un niño de cuatro años metiéndose el dedo en la nariz, que ver a uno de once. En el primer caso, es algo inocente y espontáneo; en el segundo, se considera una transgresión de las reglas.

HAY COSAS QUE SÓLO DEBEMOS HACER CUANDO ESTAMOS SOLOS

A los cinco o seis años un niño puede ser perfectamente capaz de sacar un pañuelo de papel del paquete, sonarse los mocos y tirar el pañuelo sucio a la papelera. Ahora bien, hemos de enseñarle a hacerlo nosotros. Una cosa está clara: cuanto antes empecemos, antes aprenderán. Cada vez que su hijo le diga que tiene mocos, ayúdele a realizar la operación. No le riña si al tratar de sacar un pañuelo rompe la bolsa o saca más de uno. Piense que está aprendiendo y que tanto sus manos como sus dedos siguen siendo un poco torpes. Cuando ya tenga la costumbre de limpiarse los mocos solo, deje paquetes o cajas de kleenex en varios puntos de la casa. Escoja un lugar donde el niño pueda llegar con facilidad: la mesita de la sala de estar, la repisa de mármol que rodea la bañera, su mesita de noche, la mesa de la cocina, etc. Y, sobre todo, ármese de paciencia. Hágase a la idea que tendrá que repetirle un millón de veces que nadie está interesado en ver cómo explora sus fosas nasales.

CONSEJO ÚTIL

Nadie nace enseñado, así que es natural que nuestros hijos cometan errores. En vez de avergonzarse y descargar su malestar en ellos, enséñeles a comportarse en público.

---

51. MI HIJO NO SABE DESENVOLVERSE

Si nuestro hijo no se atreve a hacer nada solo y recurre sistemáticamente a nosotros para cualquier cosa, deberemos asumir que parte de la culpa probablemente es nuestra. Hay niños que son independientes por carácter, pero otros no lo son tanto y les cuesta más despegarse. Si es el caso de su hijo, debe ayudarle a sentirse autosuficiente y a tener cierta autonomía.

EL APRENDIZAJE DEBE SER GRADUAL

Entre los cinco y los once años el niño debe ir adquiriendo cierta autonomía, aprender a hacer cosas él solo. Como padres tendremos en cuenta su forma de ser, su madurez y las características del barrio en el que vivimos. Si le enseñamos poco a poco a valerse por sí mismo y lo hacemos desde que es pequeño, él confiará más en sí mismo y nosotros nos acostumbraremos a su progresiva independencia sin hacer ningún drama.

IDEAS PARA IR AFLOJANDO LAS RIENDAS POCO A POCO

1. Deje que su hijo se pasee solo por la tienda donde usted está comprando.

2. Deje que vaya solo a la tienda de al lado.

3. Cuando vayan a un centro comercial grande, deje que mire los escaparates pero sin alejarse demasiado. Por si se perdiera, fijen un lugar donde encontrarse.

4. Permítale patinar o ir en bicicleta alrededor de la manzana donde viven. Prohíbale bajarse de la acera.

5. Deje que vaya andando solo a casa de un amigo que viva cerca. Por si acaso, hágale aprenderse de memoria la dirección y el número de teléfono.

6. Déjele ir solo al colmado del barrio o al videoclub. Si lo cree necesario, explíquele al dueño de la tienda que de ahora en adelante su hijo irá solo.

7. Si la escuela está cerca, no le lleve ni le vaya a buscar. Si tiene la suerte de vivir en un lugar donde las carreteras sean tranquilas o haya carril para las bicicletas, deje que vaya pedaleando.

8. Déjele ir al parque o a la piscina municipal con sus amiguitos. Explíquele que si hubiese algún problema puede llamarle por teléfono.

9. Déjele ir solo hasta la academia de inglés, o hasta el club donde juega a baloncesto.

10. Pídale que vaya a correos a enviar un paquete o a recogerlo.

11. Las primeras veces que cojan un metro o un autobús, explíquele cómo se consiguen los billetes, qué ruta sigue y cómo averiguarla. Cuando ya sepa lo básico, pregúntele

182

qué línea deben coger para ir a casa de la abuela, cuál es la mejor ruta y cuánto rato tardarán.

CONSEJO ÚTIL

En sus manos está hacer de su hijo una persona responsable y autosuficiente. No se deje dominar por sus temores.

52. TU HIJO HA PEGADO AL MÍO

A partir de los tres años, el niño empieza a dar explicaciones sobre sus actos, a preocuparse más por sus compañeros que por la actividad en sí. Alrededor de los cuatro años, nace en ellos el sentimiento de la rivalidad, de modo que a menudo tratan de demostrar que son mejores que los demás. Una vez cumplidos los cinco, empiezan a respetar las reglas del juego y a colaborar los unos con los otros, es decir, canalizan sus deseos individuales en favor de la acción colectiva.

Eso no evita, sin embargo, los conflictos entre ellos, que siguen siendo muy frecuentes. Todavía se sienten amenazados por los demás niños, así que muchas veces reaccionan de modo agresivo. El niño no ha aprendido todavía a controlar sus celos y su sentimiento de rivalidad, por lo que, a esa edad, la agresividad es una manifestación perfectamente natural y comprensible.

TIPOS DE RIVALIDAD

El niño siente como rivales a sus compañeros del colegio. El problema se agrava cuando se trata de un hijo único, ya que le cuesta más entender y aceptar que la maestra tenga que repartir su atención y cariño entre varios niños. El niño puede sentirse enfrentado asimismo a sus hermanos, sean éstos mayores que él o más pequeños.

EL VERDADERO PROBLEMA

El problema surge cuando los altercados entre dos o más niños dejan alguna huella física en uno de ellos. Cuando un padre descubre que a su hijo le han pegado un mordisco o le han hecho un arañazo horrible, se indigna y formula una queja. Es perfectamente natural que no acepte el ataque corporal contra su pequeño. Sin embargo, el padre del niño agresor no tiene por qué sentirse responsable de ello, ni culpabilizar a su hijo ni castigarle. Éste no es consciente de haber hecho algo realmente malo; es probable que su acto haya sido fruto de una mezcla de curiosidad y agresividad incontrolada. Asir con la boca una parte del cuerpo del otro es un modo de conocer, de descubrir.

ACTITUD QUE DEBE ADOPTARSE

No debemos enfadarnos con nuestro hijo, ni hacer que se sienta culpable. Ahora bien, lo que sí hemos de hacer es explicarle que ha hecho daño a un compañero y que al otro le ha dolido. Hemos de enseñarle a expresar su enfado con palabras y no con actos violentos, decirle que si hay algo que le molesta debe quejarse verbalmente y no actuando. Al principio nuestro hijo no nos hará ningún caso, pero poco a poco irá comprendiendo el significado de nuestras palabras y se dará cuenta de que la brutalidad no lleva a ningún sitio y puede ser altamente perjudicial.

CONSEJO ÚTIL

Alrededor de los cinco años, los varones se creen los más fuertes, a imagen de su padre, y confunden la agresividad con la fuerza. Piense que es un sentimiento pasajero.

53. ERES UN EGOÍSTA

Los niños por naturaleza son egoístas y egocéntricos; se creen el centro del mundo y que todo empieza y termina en ellos. Es trabajo de los padres enseñarles a ser amables y a compartir sus cosas. Inculcarles los valores de la generosidad, la compasión y el amor por los demás.

ESTIMULE SU GENEROSIDAD

Un modo de estimular su generosidad consiste en enseñarle a compartir sus juguetes –la posesión material más preciada por ellos– con sus hermanos y sus amigos. Al principio se negará o se mostrará reacio a hacerlo. Es lógico, pero deberemos seguir insistiendo.

Cuando sea un poco más grandecito podemos hacer que participe en alguna obra caritativa o que haga algo por los más necesitados. El niño debe aprender a distinguir entre lo que es un regalo y lo que es un acto desinteresado. Y captar el mensaje esencial: uno disfruta más dando que recibiendo.

ALGUNOS MÉTODOS CONCRETOS

Diciendo a nuestro hijo que tiene que ser generoso no conseguiremos que deje de ser egoísta, ni tampoco que asimile los valores que intentamos inculcarle. Si su hijo demuestra una falta de generosidad con respecto a otro niño o adulto, no le riña ni le humille. Concéntrese en el aspecto contrario. Si se niega a compartir un juguete con un primito y le obliga a dejárselo por la fuerza, el niño se sentirá tratado injustamente y no aprenderá nada positivo. Si por el contrario le dice al primito que no se impaciente, que pronto se lo dejará y que ya verá cómo cambia dando por sentado que su hijo es capaz de compartir sus cosas, es probable que éste último cambie opinión; si no esta vez, la siguiente.

QUÉ HACER SI SU EGOÍSMO PERSISTE

1. Dígale lo triste que se siente por su falta de generosidad.
2. Alabe el hecho de compartir, pero sin hacer que su hijo se sienta culpable.
3. Recurra al método del trueque: convencerle de que preste su juguete a cambio de otro que también le guste.

CONSEJO ÚTIL

Enseñe a sus hijos la máxima de «No hagas a los demás lo que no quieras que te hagan a ti».

54. SÉ AMABLE CON LA ABUELITA

No es nada agradable descubrir a nuestra hijita de ojos azules cortando salvajemente la cola a una lagartija u oír que nuestro hijo contesta mal a la abuelita. Pero la amabilidad no es una cualidad que se manifieste de forma espontánea en el niño, sino que hay que inculcársela.

COSAS QUE PODEMOS HACER PARA FOMENTAR LA AMABILIDAD

1. Incorpore la palabra amabilidad a su vocabulario cotidiano. Valore los esfuerzos que hacen sus hijos por ser amables y dígaselo: «Has sido muy amable dejando eso a tu primito. Sé que no es nada fácil, pero lo has conseguido».
2. Felicite a su hijo cuando se comporte amablemente. Hágale saber que le parece muy bien lo que ha hecho y que se siente muy orgulloso de él: «Felicidades. Me ha encantado que hayas ayudado a la abuelita a recoger la ropa y a plegarla».
3. Muestre a su hijo los aspectos negativos de la crueldad. La falta de amabilidad genera falta de amabilidad, de modo que si uno no es amable con los demás, los demás no son ama-

bles con él. Si su hijo es todavía pequeño, explíqueselo con un cuento: «El rey es un tirano, les obliga a trabajar y les quita las cosechas; por eso sus súbditos no le quieren».

4. Los buenos actos no tienen por qué ser tareas duras y arduas. Proponga a su hijo que averigüe cómo podría hacer feliz a un amiguito, o a su hermano, o al abuelo, y ayúdelo a conseguirlo. Con el tiempo será él quien haga las sugerencias: «¿Qué podemos hacer para alegrar al abuelo?» o «Deberíamos pensar un regalo que le hiciera ilusión de verdad».

5. Fomente el perdón entre los suyos. Empiece por dar un buen ejemplo y pida perdón cada vez que se equivoque. Al principio le costará mucho, pero al final su hijo se dará cuenta de que puede ser muy reconfortante: «Lo siento. He tratado de llegar antes, pero me ha sido completamente imposible».

6. Enseñe a su hijo a ponerse en la piel del otro; explíquele que los demás también son humanos y que tienen sus propios problemas y necesidades. Sufren igual que nosotros y aman igual que nosotros: «Imagínate que los demás niños de la clase se burlaran de ti, en vez de burlarse de Marta. ¿Qué pensarías?».

7. Enséñele a ser compasivo. Dígale que no está bien hablar a espaldas de los demás, ni criticarles porque sí: «María es una cursi; lleva unos vestidos horrorosos».

CONSEJO ÚTIL

Quien algo quiere, algo le cuesta. El secreto está en no desanimarse por el camino.

---

55. ESTE NIÑO NO HACE CASO A NADIE

Todos los padres nos desesperamos cuando nuestros hijos no nos obedecen o no cumplen con sus obligaciones. La explicación, no obstante, suele ser bastante sencilla: están tan concentrados en el juego o ensimismados en un nuevo descubrimiento que ni tan siquiera entienden nuestra insistencia y reaccionan agresivamente. Obligándoles por la fuerza, es decir, poniéndonos a su nivel, no conseguiremos nada. Es preferible usar un sistema de recompensas que les motive, una especie de competición que les atrape tanto como sus otras distracciones. No se trata de sobornarles o corromperles, sino de hacer que sus obligaciones y su aprendizaje sean más amenos y emocionantes.

COSAS QUE SE PUEDAN ACUMULAR

1. Confeccione una tabla y enseñe a su hijo a dibujar y pintar estrellas. Cuéntele que le concederá una estrella cada vez que haga algo bien, por ejemplo, meterse en la cama sin rechistar o lavarse los dientes él solito. Escoja las cosas que más le cuesten y conviértalas en actividades que permiten ganar estrellas.

191

2. Con niños de mayor edad, es preferible utilizar un sistema de puntos. Señale qué actividades sirven para ganar puntos –hacer los deberes en un tiempo determinado, recoger la habitación el sábado por la mañana– y qué cantidad de ellos conseguirán en cada ocasión. Cuando alcancen una cifra determinada –por ejemplo, cien puntos–, conseguirán una recompensa: invitar a un amiguito a pasar la noche, ir al cine a ver una película de estreno, etc. Es aconsejable fijar la recompensa de antemano.

COSAS QUE SE PUEDAN COLECCIONAR

1. Los cromos son uno de los pasatiempos preferidos de los niños. Comprar esos sobrecitos mágicos en el kiosco, encontrar los números que les faltan, cambiar los repetidos y mostrar el álbum una vez está terminado, son actividades comunes en todos los colegios. Las colecciones de cromos varían de acuerdo con la popularidad de las distintas series de dibujos animados, pero son siempre muy apreciadas. Prémieles con un par de sobres cada vez que consigan el objetivo que usted les ha marcado.
2. Los cromos de picar suelen ir en hojitas y su precio es razonable. Es uno de esos juegos que se ponen de moda cada cierto tiempo para luego volver a caer en desuso. Averigüe su grado de popularidad antes de comprarlos.

COSAS QUE SE PUEDAN COMER

1. **El manjar preferido:** Imagínese que a su hijo le gusta tanto el chocolate que es capaz de devorar las reservas semanales en un solo día. Por un lado, sabe que debe impedir que su

hijo se atiborre de chocolate porque es malo para su estómago, pero, por otro, le duele dejarle sin algo que le gusta tanto. Pues bien, he aquí la solución a tan terrible dilema: limite la cantidad diaria de chocolate que puede ingerir –una cantidad razonable que no le pueda hacer daño–, y prémielo con una ración extra cuando haga algo que le cuesta hacer.

2. **Los caramelos:** Sólo surtirán efecto si nuestros hijos no suelen comer caramelos; si cada día al salir de la escuela les compramos una chuchería, este método no servirá de nada. Preferirán no hacer lo que les pedimos y esperar hasta el día siguiente.

DIVERSIONES QUE CUESTAN DINERO

1. **Cine:** A todos nos gusta divertirnos, pero muchas distracciones cuestan dinero. Negocie con ellos la tarea en cuestión –lavar los platos, no hacer gritar a mamá–, fije un período de tiempo –una semana, por ejemplo– y dígales que si lo hacen les llevará al cine. Si ya habían hablado de ir al cine o tienen la costumbre de ir todos los sábados, no vale. Tiene que ser algo de más a más.

2. **Videoclub:** A los niños les encanta ver películas. Dígales que el viernes siguiente les acompañará al videoclub y podrán alquilar una película. Si opina que se lo merecen, prepáreles unas palomitas. Si este tipo de recompensa deja de surtir efecto, ofrézcales no sólo la posibilidad de ver un vídeo, sino de quedarse hasta tarde levantados (sólo a partir de cierta edad y los fines de semana).

3. **Librería:** Llévelos a la librería y déjeles escoger un libro. Para que este tipo de recompensa sea efectivo, es necesario

que su hijo se aficione a leer primero. De lo contrario, pensará que no vale la pena.

COSAS EXTRAS

1. Déjeles estar un rato más delante del televisor o ver un programa determinado. Este método sólo funciona cuando tienen limitado el rato que pueden ver la televisión.
2. Permita que se acuesten un poco más tarde.
3. Déles algo de dinero extra. No les dé una cantidad importante. Bastará con unas monedas.

COSAS DIVERTIDAS

1. Algo que se salga de lo habitual y les parezca divertido: una guerra de cojines, saltar encima de la cama, disfrazarse, pintarse la cara, etc.

CONSEJO ÚTIL

No hay nada como una buena recompensa para sentirse motivado y capaz de hacer cosas de otro modo impensables.

56. ESE LUGAR HORRIBLE LLAMADO HOSPITAL

Cuando nos vemos obligados a internar a nuestro hijo en un hospital, ya sea a causa de una enfermedad grave o de una intervención quirúrgica sencilla, se producen dos hechos fundamentales. Por un lado, el niño se separa del resto de su familia. Por otro, nuestro pequeño se ve obligado a evolucionar en un medio completamente desconocido y nuevo. El niño pierde, pues, sus puntos de referencia y ello puede causarle serios problemas. La situación empeora si la estancia en el hospital es prolongada o si los padres no pueden quedarse en la habitación con él.

FAMILIARICE A SU HIJO CON EL HOSPITAL

Prepare a su hijo para la experiencia que va a vivir. Si sabe lo que va a ocurrir, sufrirá menos y dejará de imaginarse cosas raras.

1. Juegue con él a los hospitales. Pregunte al médico qué van a hacerle exactamente y muéstreselo a su hijo jugando.
2. Varias semanas antes, empiece a hablarle del hospital. Men-

ciónelo de un modo casual, como quien no quiere la cosa.

3. Pase por delante del hospital, para que le resulte familiar. O entre con él y visítelo por dentro.

4. Cómprele un regalo y déselo al entrar en el hospital con la condición de que no lo abra hasta que usted se haya ido (sobre todo si las normas del hospital no le permiten pasar la noche con él).

5. Llévese juguetes y cosas para tenerlo entretenido. Si se distrae, el tiempo le pasará más rápido y no lo pasará tan mal.

SI PUEDE, QUÉDESE CON ÉL

Siempre que la enfermedad de su hijo y las reglas del hospital lo permitan, quédese con él tanto de día como de noche. El niño se sentirá menos desorientado y no experimentará el trauma de la separación. Tenga en cuenta, no obstante, que al estar con su hijo todo el día puede surgir otro tipo de conflictos:

- Si tenemos más hijos, éstos nos echarán de menos.
- Es más probable que nuestro hijo note que estamos preocupados y nerviosos.
- No podremos descansar como es debido y acabaremos agotados.

CONSEJO ÚTIL

Si su hijo está hospitalizado, pase con él tanto tiempo como le sea posible, aunque llore cada vez que tengan que separarse. De lo contrario, se sentirá abandonado y traicionado.

57. EL MONSTRUO DE LA BATA BLANCA

El médico, ese adulto con bata blanca al que sólo se va a visitar cuando algo no va bien, que receta jarabes horribles e inyecciones que duelen, suele ser un personaje muy temido por los niños. Es perfectamente natural. Si a nosotros, los adultos, que sabemos controlar nuestros miedos y entendemos las razones por las que hemos de ir al médico, no nos hace ninguna gracia, imagínese a los niños.

El único modo de ayudar a un hijo enfermo es poniéndose en su lugar, tratando de analizar las cosas desde su punto de vista.

NECESIDADES DEL NIÑO

Cuando un niño está enfermo, el malestar y el sufrimiento que experimenta le sumen en un estado de tensión del que no sabe cómo salir. Es por eso por lo que necesita a los padres más que nunca, porque son los únicos que consiguen tranquilizarle: el contacto físico con ellos, su olor, el sonido de su voz, es decir, cualquier elemento que le resulte familiar le ayuda a recuperar la confianza y, por tanto, el equilibrio.

CONCLUSIONES IRRACIONALES

Para los niños de más edad, la enfermedad representa un mal contra el que sus padres no pueden hacer nada. No hay que olvidar que para un niño sus padres son seres todopoderosos, invencibles. Así pues, el descubrimiento de esta debilidad en sus progenitores le asusta y le desconcierta; tanto que trata de encontrar una explicación, muchas veces absolutamente irracional, a sus males. Veamos algunos ejemplos:

1. El niño establece una conexión entre la enfermedad y algún acontecimiento especial, normalmente desagradable. Imagínese que a su hijo tienen que operarle de apendicitis y que al poco tiempo usted tiene una niña. Es probable que su primogénito llegue a la conclusión de que le han tenido que operar a causa del nacimiento de la nueva hermanita. Está tan orgulloso y convencido de su conclusión que se le olvida un pequeño detalle: que le operaron varias semanas antes de que naciera su hermanita.

2. El niño se siente culpable por algo y, por tanto, cree que la enfermedad es una especie de castigo. Pongamos por caso que usted prohíbe a su hijo hacer algo, pero éste hace caso omiso de sus advertencias y se hace daño. Lo más probable es que piense que el dolor es consecuencia de su desobediencia, de haber sido malo.

3. El niño experimenta un fuerte sentimiento de impotencia frente a los adultos, así que llega a la conclusión de que su dolencia depende de la voluntad de éstos. Se siente, pues, amenazado y trata de defenderse. Los sistemas de defensa empleados por el niño suelen ser dos:

- La regresión: muestra un comportamiento más infantil y recupera malos hábitos que ya había superado.
- El rechazo del tratamiento: cree que el médico y las enfermeras quieren hacerle daño.

4. El niño está convencido de que el examen médico al que es sometido es fruto de la curiosidad del adulto con respecto a su cuerpo. En ese caso, el niño puede reaccionar de dos modos distintos: o bien se siente halagado por el interés que despierta en los adultos y se deja mirar por todas partes, o bien se siente terriblemente ofendido y opone toda clase de resistencias.

CÓMO SUAVIZAR LOS CONFLICTOS

1. Intente no alterar sus costumbres más de lo estrictamente necesario. Muéstrese más flexible y tolerante, pero sin alterar demasiado la rutina del pequeño. De lo contrario, se sentirá desorientado.
2. Compórtese como de costumbre. Si no el niño se dará cuenta de que ocurre algo anormal y sus sentimientos de angustia se intensificarán.
3. No le oculte la verdad. Explíquele todo acerca de su enfermedad. Emplee frases sencillas y llenas de imágenes. Se trata de que el niño piense que la situación es nueva para él, pero no para los padres. Eso le tranquilizará.
4. Intente no dramatizar. No trate de ocultarle los aspectos desagradables de su enfermedad. Prepárele para el posible dolor de las curas o para un par de inyecciones que van a ponerle. Si le dice que no le va a doler o que no va a ser nada y luego le duele o lo pasa mal, la próxima vez no se fiará de usted.

5. Si su hijo le pide que le deje ver una herida o cómo le cambian el vendaje, déjeselo ver. Es posible que simplemente necesite saber qué le están haciendo y que saberlo le tranquilice.

6. Si su hijo se niega a dejarse hacer una cura o a tomarse un medicamento, trate de tranquilizarse, deje que llore y escuche sus protestas. Piense que es muy importante para él ya que se siente manipulado por el adulto en contra de su voluntad. Por supuesto, en casos de gravedad o si la vida del niño corre peligro, hay que actuar enseguida anteponiendo los cuidados indispensables a sus quejas.

NO LO MIME DEMASIADO

Cuando está enfermo, el niño goza de privilegios de los que hace tiempo que no disfrutaba. Se desviven por él como cuando era un bebé, le cuentan cuentos a todas horas... es como si de pronto no existiera ninguna regla, ninguna limitación, ninguna responsabilidad. A veces, una enfermedad proporciona tantas satisfacciones al niño que éste acaba asimilando la curación al final de un período feliz. Está bien hacer algunos extras, pero sin perder la cabeza.

CONSEJO ÚTIL

La enfermedad puede ser un trauma o un paso más dentro del proceso evolutivo del niño. Ayude a su hijo a superar su enfermedad no sólo físicamente, sino también anímica y psíquicamente.

58. DIABLO EN CASA, ANGELITO FUERA

Son muchos los niños que se comportan de un modo absolutamente distinto cuando están con sus padres y cuando están con otras personas. Cuando están en casa son desagradables, hacen lo contrario de lo que se les dice, inventan toda clase de travesuras y se comportan incluso de un modo agresivo. Sin embargo, en el colegio se portan bien y los profesores están contentos con su rendimiento y su actitud. Cuando van a casa de un amiguito, los padres de éste se quedan encantados. Y, cuando se queda a dormir en casa de los abuelos, se porta como un verdadero angelito: ayuda a la abuela a poner la mesa, juega pacíficamente con el abuelo, no se queja mientras lo bañan y se come toda la comida sin rechistar. Todo el mundo está encantado con él, excepto sus padres que no saben qué pensar de su hijo.

LA CRISIS DE CARÁCTER

Hacia los seis, siete u ocho años, el niño puede sufrir una crisis de carácter. Alrededor de esa edad, se enfrenta a muchos cambios y puede ocurrir que se sienta superado por ellos. Ha empezado la escuela primaria y se ve obligado a trabajar y aprender con regularidad, independientemente de si le apetece o no. Y ello implica entender una serie de técnicas y nociones hasta entonces desconocidas e innecesarias. Por si eso fuera poco, tiene además que asimilar su relación con la maestra y con sus nuevos compañeros, que le han sido impuestos, y descubre que sus padres no son seres todopoderosos capaces de protegerle de todo mal.

Para algunos niños son demasiadas exigencias, así que reaccionan demostrando una regresión en el ámbito familiar, que es el que mejor conocen: es como si hiciera pagar a los padres por obligarle a progresar, como si intentara compensar con su actitud el esfuerzo que se le exige en otros aspectos. Por eso se muestra caprichoso y desagradable con ellos.

TRATE DE ENTENDER A SU HIJO

Si su hijo atraviesa por ese tipo de crisis, trate de entenderle. En vez de desesperarse, ayúdele a asimilar todos los cambios con los que se enfrenta. Su hijo está desorientado, se siente injustamente tratado y no acaba de entender por qué tiene que cambiar si ya está bien como está. Y si algún día la actitud de su hijo consigue realmente desesperarle, piense que se trata de una fase transitoria, que al final todo pasará y su hijo volverá a ser el de antes, pero más adulto.

CONSEJO ÚTIL

Sufrimos los padres al ver crecer a nuestros hijos y sufren éstos al descubrir que han dejado de ser bebés. Ya se sabe, a veces es necesario sufrir para llegar a ser feliz.

---

59. SU HIJO NO SABE ESTARSE QUIETO

Entre los tres y los siete años, los niños necesitan moverse, jugar, expresar todo lo que sienten. Pero hay algunos niños que sobrepasan los límites y que son capaces de agotar a un regimiento entero: no se están nunca quietos, no terminan nunca lo que empiezan y nunca están donde deberían estar. En definitiva, no siguen las reglas que sus profesores o sus padres marcan.

NO DÉ POR SENTADO QUE LO HACE EXPRESAMENTE

La mayoría de los padres tendemos a pensar que si nuestro hijo se porta mal lo hace para fastidiarnos, para hacernos enfadar y demostrar que son capaces de conseguir aquello que se proponen. Pero muchas veces su comportamiento es involuntario, es decir, no es consciente de estar haciendo algo malo o que pueda molestar a los demás. En ese caso, no sirve de nada reñir al niño ni amenazarle porque no entiende qué es lo que se supone que debe hacer o corregir. Nos dirá con el corazón en la mano que se portará bien, y realmente sentirá lo que dice; el problema es que no establecerá una conexión consciente entre el hecho de portarse bien y aquellas cosas que a nosotros nos molestan.

AYÚDELE COMPRENDIENDO EL PROBLEMA

En vez de reñirle y desesperarse ante la falta de resultados, averigüe si en el colegio también es igual de movido o si sólo le ocurre en casa, y si es igual todo el día o únicamente en determinadas situaciones. Si se trata de un comportamiento generalizado, reúnase con la profesora y hable con ella delante del niño. A lo mejor bastará con introducir algún cambio en su rutina: acostarle o despertarle antes, dejar que se quede a comer en el colegio, animarle a hacer alguna actividad extraescolar, etc.

ACEPTE SU PARTE DE CULPA

La inestabilidad del niño puede no ser más que un indicio visible de la angustia que le carcome por dentro. Pregúntese si dentro del ámbito familiar se ha producido algún acontecimiento que pueda provocarle dicha angustia: la llegada de un nuevo hermanito, discusiones frecuentes con su pareja, la enfermedad de alguien próximo. Los niños tienen un sexto sentido para captar cualquier forma de tensión en los suyos. Si es el caso de su hijo, piense que al menos está exteriorizando sus sentimientos, y que siempre es más aconsejable adoptar ese camino que el de la represión. De todos modos, si con el tiempo su hijo no mejora, plantéese la posibilidad de visitar a un especialista.

```
┌─────────────────────────────────────┐
│            CONSEJO ÚTIL              │
├─────────────────────────────────────┤
│                                      │
│  Un niño movido suele ser mucho      │
│  más agotador, pero si canalizamos   │
│  bien su energía puede darnos mu-    │
│  chas satisfacciones.                │
│                                      │
└─────────────────────────────────────┘
```

60. REGALOS, REGALOS Y SÓLO REGALOS

Cada año, cuando se acerca la Navidad, empiezan las ingeniosas campañas publicitarias anunciando todo tipo de juguetes y productos maravillosos, y nuestros hijos se vuelven locos y confeccionan interminables listas de peticiones para Papá Noel y sus señorías, los Reyes Magos de Oriente. Es lógico e inevitable, pero hemos de intentar que este tipo de festividades no se reduzcan a una especie de transacción comercial entre los niños y unos seres fantásticos y benévolos que hacen realidad todos sus caprichos.

LA VERDADERA MAGIA DE LA NAVIDAD

La verdadera magia de la Navidad no se encuentra en los presentes que nuestros hijos reciben –muchos de los cuales dejan de funcionar o se rompen antes de que se acaben las vacaciones–, sino en las tradiciones familiares que llenan de luz y emoción unos días particularmente tiernos. No se deje vencer por las campañas publicitarias; con un poco de imaginación, es más fácil de lo que parece.

1. Compre o confeccione uno de esos calendarios navideños con ventanitas y deje que cada día abra la ventana correspondiente uno de sus hijos, según un orden preestablecido.
2. Reserve un día para ir a comprar el árbol de Navidad. Llévelo a casa y pida a sus hijos que le ayuden a decorarlo. Mientras lo hace puede poner música navideña, para dar ambiente.
3. Ayúdeles a confeccionar sus propios adornos navideños y deje que los cuelguen por toda la casa; y que hagan christmas para enviar a los amigos.
4. Prepare galletas de navidad. Las hay de muchos tipos: con forma de reno, de árbol de navidad, de guirnalda, de Papá Noel, etc. Deje que sus hijos las decoren con azúcar glaseado de colores, caramelo y chocolate. Cuando se las coman les sabrán a gloria.
5. Léales cuentos o explíqueles historias relacionadas con la navidad; hay cuentos realmente preciosos.
6. El día de Navidad o para fin de año prepare un menú especial, adorne la mesa y coma sin prisas.
7. Acompáñeles a entregar la carta a uno de los pajes reales y llévelos a ver la cabalgata.
8. La noche que vienen los Reyes Magos, deje un poco de comida para que puedan recuperar las fuerzas y agua para los camellos. (No olvide mordisquear la comida y vaciar un poco el barreño en el que ha puesto el agua.)

CONSEJO ÚTIL

Aproveche las navidades para pasar unos días inolvidables con sus hijos y para comunicarles la magia de las tradiciones.

61. MAMÁ, ¿ME COMPRAS UN REFRESCO?

Las vacaciones con hijos pueden ser una experiencia inolvidable o un verdadero calvario. Muchos padres optan por hacer una escapada ellos solos y luego alquilar un apartamento o una casa en algún pueblecito de la costa o en la montaña para evitar posibles complicaciones. Es razonable: también son sus vacaciones y se merecen un descanso sin problemas añadidos. Sin embargo, si nos gusta y tenemos en cuenta determinados aspectos, no tenemos por qué renunciar al placer de viajar. Piense que para los niños puede ser muy instructivo y gratificante.

ALGUNAS NORMAS BÁSICAS

1. Si le gusta viajar y puede permitírselo, acostumbre a sus hijos desde que son pequeños.
2. Durante el viaje, organice actividades que les gusten o puedan despertar su interés.
3. Recuerde que no aguantan tantas horas como usted sin comer, sin beber, sin dormir y sin ir al lavabo.
4. No los agote más de la cuenta ya que cuando están cansados acostumbran a ponerse insoportables.

5. Trate de que se impliquen en el viaje: pídales que le ayuden a escoger una ruta mirando el mapa de carreteras, proponga dos o tres alternativas y sugiera escoger por votación, etc.

LA MANÍA DE PEDIR POR PEDIR

«¿Me compras una Coca Cola?», «¿Me compras unas palomitas?», «¡Yo quiero una camiseta como ésta!», «¡Jo! Nunca nos compras nada». ¿Le resulta familiar? Seguro que sí. Cuando pasan el día fuera de casa haciendo alguna actividad especial, los niños se convierten en una especie de consumidores compulsivos. A menudo resulta más fácil ceder a sus caprichos que mantenerse firme; es muy duro eso de ser siempre el antipático de la película. De hecho, ya está bien hacer algún extra de vez en cuando, sobre todo los días de fiesta o cuando se está de vacaciones. Pero no lo convierta en una costumbre o sus hijos acabarán pidiéndole cosas por el puro placer de pedir. Los niños que lo tienen todo, que consiguen cualquier cosa que deseen con tan sólo chasquear los dedos, suelen acabar asqueados, sin ilusiones ni incentivos, y son incapaces de luchar por algo o por alguien. Les da todo igual y nunca están satisfechos, por mucho que tengan.

CONSEJO ÚTIL

No malcríe a su hijo concediéndole todos sus caprichos. Enséñele a valorar las cosas que tiene y a compartirlas con los demás. A la larga resulta mucho más gratificante.

62. SI TE TOCAS AHÍ SE TE CAERÁ

Durante el período del complejo de Edipo, el niño descubre una nueva zona de placer, el sexo, que sucede a la boca y el ano. Tras haber sentido placer chupando y, después, durante las deposiciones, se da cuenta de que le gusta tocar sus órganos genitales y lo hace a menudo durante varios meses. Ante este tipo de comportamientos, hay padres que reaccionan diciéndole que deje de hacer tonterías o que no está bien tocarse ahí. Dicha actitud resulta absolutamente contraproducente. La verdad es que resulta absurdo emitir un juicio moral sobre un comportamiento totalmente natural e inocente. Siempre que se practique dentro de unos límites lógicos, la masturbación es beneficiosa para el niño puesto que le ayuda a conocer su cuerpo y el placer genital que más adelante compartirá con otras personas. Si un padre trata de reprimir este tipo de impulsos, el niño tendrá la sensación de estar haciendo algo malo. Y dicho sentimiento de culpabilidad puede llegar a bloquear su desarrollo sexual interior.

La masturbación infantil, que puede consistir en un simple balanceo rítmico, sólo debe preocuparnos si se convierte en un hábito muy frecuente e intenso, o cuando va acompañada de un complejo de culpabilidad obsesivo. Tenga presente que las amenazas y los castigos sólo conseguirán agravar los problemas afectivos del niño. Si lo convierte en una actividad prohibida y vergonzosa, puede tener consecuencias funestas para su pequeño.

LAS LIMITACIONES SOCIALES

Los límites que imponga a su hijo no deben ser nunca morales, sino sociales. Debemos explicarle que este tipo de placeres deben disfrutarse en la intimidad y que no los practicamos en público por respeto a los demás. Es tan malo meterse el dedo en la nariz y orinar delante de otras personas, como masturbarse en público. Si hablar de estos temas le resulta terriblemente violento, piense que, después de masturbarse y experimentar durante unos meses, el niño descubrirá otras cosas que le atraerán más y dejará de hacerlo.

LA MASTURBACIÓN COMO CONSECUENCIA

La masturbación excesiva no es causa de trastornos afectivos en el niño, sino que es consecuencia de dichos trastornos. Suele ir asociada a otros síntomas –como morderse las uñas, terror nocturno, inquietud– y puede revelar un gran nerviosismo en el menor. Sin embargo, no es causa de retrasos intelectuales, fracasos escolares ni otras anomalías del comportamiento, y no resulta perjudicial para la salud como solía pensarse antaño. La masturbación anómala no hace sino confirmar los problemas afectivos del niño; no es una causa, sino una consecuencia.

CONSEJO ÚTIL

El niño que se masturba reiterada-
mente no es malo, perverso ni vicio-
so, sino que es alguien con serios
problemas afectivos a quien debemos ayudar.

63. SE PIDE «POR FAVOR»

Ser amable con los demás no cuesta tanto y, a la larga, puede ser muy reconfortante. Pero los niños no suelen ser agradecidos por naturaleza. Mientras son pequeños creen que merecen todas nuestras atenciones porque ellos son el centro del universo y todo lo demás debe girar a su alrededor. Nosotros, los adultos, sabemos muy bien que esta creencia es totalmente errónea y que, si nuestros hijos no modifican poco a poco su visión de las cosas, estarán condenados al fracaso más absoluto.

Un método muy sencillo para empezar a cambiar dicha concepción consiste en enseñarles a pedir las cosas «por favor», y a dar las gracias siempre que alguien haga algo por ellos, por insignificante que sea.

PREDIQUE CON EL EJEMPLO

Trate de demostrar gratitud hacia el niño desde su más tierna infancia. Si su hijo le llena el vaso de agua durante la cena, déle las gracias. Si quiere que le alcance el aceite, pídaselo por favor. En vez de repetirlo como si fuera un simple formulismo, dígalo de corazón. Ser amable no consiste en adoptar una actitud de servilismo, ni tampoco en ponerse a la defensiva, sino en ser capaz de sentir agradecimiento, un agradecimiento sincero. Trate de transmitir ese valor a su hijo por medio de sus actos y sus palabras.

TENGA PACIENCIA

No espere que su hijo tenga un día una inspiración divina y empiece a decir «gracias» y «por favor» de un modo espontáneo. Sea realista. Es usted quien debe enseñarle y conseguir que se acostumbre a usar estas expresiones. Recuérdeselas tantas veces como sea necesario; oblígueles a repetirlas cada vez que se olviden de utilizarlas.

VALORE SUS ESFUERZOS

A partir de los cuatro años, sus hijos deberían empezar a pedir las cosas por favor sin que usted deba recordárselo, al menos de vez en cuando. Un método muy efectivo para animarles a hacerlo mejor consiste en decirles de vez en cuando que nos encanta oírles hablar bien, o ser tan educados y agradables con los demás. Si ven que nos sentimos orgullosos de ellos, se esforzarán más.

CONSEJO ÚTIL

Siendo padre, a veces se tiene la horrible sensación de ser una máquina de repetición, una especie de artefacto inmundo que dice una y otra vez las mismas cosas. Sea imaginativo y utilice otros recursos.

---

64. SE DICE PERDÓN, MALEDUCADO

Saber pedir perdón puede sernos muy útil y, muchas veces, marca la diferencia entre ser una persona educada o alguien absolutamente desconsiderado, entre ser un grosero y alguien que ha tropezado o que sufre del estómago.

SI TIENE QUE INTERRUMPIR ALGO, DIGA PERDÓN

A veces es necesario que nuestros hijos interrumpan la animada conversación que estamos manteniendo con un amigo, o una comunicación telefónica importante. Ante todo, explíquele que sólo debe interrumpirle cuando se trate de algo realmente urgente o grave. Ejemplifíquelo con casos concretos, ya que su concepto de grave y el de su hijo no tienen por qué coincidir. Por ejemplo, si no puede cerrar el grifo del baño y la bañera está a punto de desbordarse; o si se venir el autobús que le recoge para ir al colegio y se encuentran a dos manzanas del lugar acordado para la recogida. Es importante que esto quede claro o su hijo le interrumpirá educadamente, pero cada dos por tres.

A continuación explíquele que la forma correcta de interrumpir algo es pidiendo perdón. Utilizando esta fórmula conseguirá dos cosas: en primer lugar, captar la atención de las dos o más personas que están hablando; y en segundo, evitar una situación violenta y desagradable para todos.

SI SE LE ESCAPA UN ERUCTO, DISCÚLPESE

A todos se nos puede escapar un eructo, incluso a la persona más refinada. Pero hemos de enseñar a nuestros hijos que eructar no tiene nada de gracioso, que a los demás les resulta violento y que es algo más bien desagradable. Tenga presente que su reacción natural es la de reírse, especialmente cuando están con sus amiguitos. Así que lo más probable es que tengamos que repetir un millón de veces aquello de «¿qué se dice?» y que aun así los resultados no sean siempre los deseados.

SI EMPUJA A ALGUIEN, PÍDALE PERDÓN

Su hijo tiene prisa porque se le va a escapar el autobús, así que se pone a correr en medio de la calle. Sin querer le da un golpe a alguien que iba andando tranquilamente por la acera. Dígale que debe pedirle perdón. Explíquele que cuando alguien nos golpea tenemos la sensación de que ha violado nuestro espacio vital y nos sentimos agredidos. Recuérdele cómo se siente cada vez que alguien le empuja inesperadamente, cómo reacciona. Si no le pedimos perdón, el ofendido puede reaccionar de forma violenta; si se lo pedimos, comprenderá que ha sido involuntariamente y evitaremos que se sienta ofendido.

> **CONSEJO ÚTIL**
>
> Si no quiere que su hijo sea un male-
> ducado, empiece a inculcarle bue-
> nos modales desde el primer día.

65. ¡MAMÁ, ES PARA TI!

Cuando hablamos con alguien que tenemos delante, tanto el lenguaje corporal como nuestra actitud nos ayudan a establecer una comunicación efectiva y plena. Sin embargo, cuando utilizamos el teléfono, únicamente contamos con la palabra y el tono de nuestra voz. Por eso seguimos una serie de reglas a menudo muy obvias, tan obvias que a veces olvidamos que nuestros hijos no las conocen. Por eso es muy importante que les enseñemos a utilizar este instrumento correctamente y a comprender su funcionamiento.

NORMAS PARA SU CORRECTO USO

1. Cuando hacemos una llamada y el receptor de ésta descuelga, debemos identificarnos enseguida. De este modo el interlocutor sabrá con quién está hablando. Basta con decir «Hola, soy Marlen».
2. Si no contesta la persona con la que queremos hablar, pediremos por ella de un modo educado: «¿Está Carlos? ¿Podría hablar con él, por favor?». Insista en el «por favor». Los niños suelen utilizar un tono cortante o excesivamente auto-

ritario, ya que se sienten violentos o les da vergüenza; al menos el «por favor» suaviza un poco las cosas.

3. Debemos hablar despacio para que nuestro interlocutor pueda seguir la conversación sin perderse. Los niños, especialmente cuando se ponen nerviosos, suelen hablar atropelladamente con lo que su mensaje resulta absolutamente ininteligible.

4. Hay que utilizar un tono de voz normal, ni demasiado alto ni demasiado bajo. Los hay que hablan en susurros, mientras que otros gritan a pleno pulmón. Rectifique su tono cuando lo juzgue necesario.

5. El teléfono sirve básicamente para dar mensajes y poner en contacto personas que están lejos. Por regla general hay que ser breve.

6. Si su hijo y alguno de sus amiguitos deciden algo mientras hablan por teléfono, antes de darlo por sentado deben consultar con usted.

7. Si a su pequeño le cuesta pronunciar determinadas palabras, o cecea, enséñele fórmulas en las que no aparezca ninguno de los vocablos conflictivos.

8. Si su hijo contesta el teléfono y no es para él, debe decir algo así como «Un momento, por favor», en vez de dejar al otro con la palabra en la boca y salir corriendo.

9. Enséñele a ser amable. Si tal como levanta el auricular dice cosas como «¿Qué quieres?» o «¿Por qué llamas?», el otro puede sentirse ofendido. Existen unas fórmulas de cortesía mínimas que debe aprender y utilizar.

10. No debe dejar caer el auricular al suelo. Explíquele que el ruido que hace el auricular al caer se oye muy fuerte al otro lado y que puede resultar terriblemente desagradable.

11. Si la llamada no es para él, debe dejar el auricular sobre la

mesita del teléfono, localizarle y decirle que es para usted. Pero si usted no se lo enseña a hacer es probable que se limite a dejar el auricular y a gritar nuestro nombre a pleno pulmón. Repítalo las veces que sea necesario: «Cielo, la próxima vez ven a avisarme en vez de gritar así».

12. Debemos despedirnos siempre y no limitarnos a colgar sin dar más explicaciones.

GROSERÍAS QUE NO DEBEMOS CONSENTIR

• Escuchar las conversaciones de otros desde un supletorio.
• No apretar determinadas teclas mientras estamos hablando, ya que podrían cortar la comunicación.
• Gritar o hacer el tonto desde un supletorio interrumpiendo una conversación.

CASOS ESPECIALES

• Si alguien llama preguntando por usted cuando no está en casa, su hijo debe tomar nota y dejar el mensaje junto al teléfono. Deje papel y bolígrafo cerca del teléfono, y cuando llegue a casa pregunte si ha llamado alguien.

• Si el amiguito con el que quieren hablar no está en casa en ese momento o no puede ponerse, deben dejarle un mensaje, aunque sea algo tan sencillo como «¿Le podrá decir que me llame, por favor?».

• Cuando un niño se equivoca de número al marcar y oye una voz absolutamente desconocida, suele quedarse terriblemente cortado (algo parecido nos ocurre a los adultos). Bastará con que diga algo así como «Lo siento. Me he equivocado». Colgar sin decir nada es de mala educación.

- Si les sale una voz hablándoles desde un contestador automático, deben dejar un mensaje breve y concreto, por ejemplo, «Soy Teresa, volveré a llamar» o «Soy Miguel, quería hablar con Antonio». Si se pone muy nervioso y no sabe qué decir, es preferible que cuelgue a que deje un mensaje ininteligible.

CONSEJO ÚTIL

Piense que hay muchos adultos a los que no les hace ninguna gracia oír los balbuceos ininteligibles de nuestro pequeño al otro lado del hilo telefónico, especialmente si tienen algo urgente que decirnos. Reserve las gracias de su hijo para los amigos de confianza que sepan apreciarlas.

66. ESTA COMIDA

NO ES COMO LA QUE TÚ HACES

Es normal que de vez en cuando nos apetezca ir a un restaurante: nada de ir a comprar, ni de preparar la comida, ni de lavar los platos, ni de limpiar el comedor. Sin embargo, si nuestros hijos no están acostumbrados a comer fuera de casa, la experiencia puede ser realmente desastrosa. En casa los niños se sientan en la mesa cuando la comida ya está lista y a punto de servir; y tan pronto como los demás terminan pueden levantarse y ponerse a jugar otra vez. En un restaurante, no obstante, deben decidir lo que van a pedir, esperar a que les traigan la comida, esperar otro poco entre plato y plato, o entre el plato y los postres y, finalmente, soportar la tertulia que se organiza cuando llegan los cafés y las copas durante la que, por regla general, se habla de temas que sólo interesan a los adultos.

SEA PREVISOR

Lo más probable es que su hijo acabe antes que usted, bien porque sólo ha pedido un plato o bien porque mientras usted hablaba él se ha dedicado a comer. Lleve siempre algún juguete sencillo o uno de sus libros favoritos para tenerlo distraído.

Antes de sacarlo a comer por ahí enséñele buenos modales, aunque sólo sea lo básico. Piense que los que se sientan en la mesa de al lado no tienen ninguna culpa de que su hijo sea todavía pequeño.

Si los han invitado a un restaurante muy formal, prepárelos de antemano: descríbales cómo es el sitio, qué clase de platos sirven, y adviértales que todo irá más despacio que cuando comen en casa.

No tiente al destino

Cuando salga a cenar o a comer fuera, al menos las primeras veces, olvídese de las sobremesas largas o de pedir un segundo café y una copa. Coma con sus hijos, disfrute de su compañía y tómese ese segundo café en casa.

Suprima la costumbre de pedir algunos aperitivos antes de empezar a comer. Piense que a los niños no suele gustarles ese tipo de cosas y acabarán poniéndose nerviosos.

Trate de que pidan algo que vaya a gustarles seguro. No es el mejor momento para experimentar con platos y sabores nuevos. A no ser, claro está, que estén acostumbrados a comer en restaurantes.

CONSEJO ÚTIL

Siempre que sea posible, escoja un restaurante que tenga un espacio donde los niños puedan jugar libremente.

---

67. ¡HOY ES MI CUMPLEAÑOS!

Es lógico que el día que nuestro hijo cumple años le hagamos regalos y le organicemos una fiesta. Es sin duda un día muy especial para toda la familia y ocurre tan sólo una vez cada año. Sin embargo, los regalos deben ser únicamente una parte de la celebración, y no la más importante. ¿Acaso se acuerda usted de qué le regalaron en su séptimo aniversario, o cuando cumplió los diez? Es muy probable que no. Lo que seguro que recuerda son las cosas que hacían de su aniversario un día especial y distinto a los demás.

Cumplir años significa hacerse mayor, no aumentar el número de posesiones u objetos caros –y a veces innecesarios– que guardamos en nuestra habitación para poder alardear delante de los amigos. Pero si lo único que hacemos es comprar un montón de regalos a nuestro hijo, ése es el mensaje que vamos a transmitirle. Sea imaginativo y su hijo, además de pasarlo en grande, se sentirá realmente especial y aprenderá que hay cosas más importantes que una bicicleta nueva o un videojuego de importación.

PRIVILEGIOS DE LA PERSONA HOMENAJEADA

1. Escoger el menú de la cena o de la comida. Deje que elija los platos de entre sus favoritos –macarrones con mucha salsa de tomate o una pizza gigante–, el postre –un pastel de chocolate y nata o un helado de tres bolas–, e incluso la bebida –Coca Cola o limonada.
2. Desayunar en la cama. Coja una hermosa bandeja y coloque en ella el desayuno preferido de su hijo: un zumo de naranja recién exprimido, unas tostadas calentitas con mantequilla y mermelada, un gran tazón de leche con Colacao y un plato lleno de sus cereales preferidos.
3. Quedar exento de sus obligaciones domésticas: nada de sacar la basura, ni de poner la mesa, ni de lavar los platos.
4. Escoger la programación televisiva. Nada de discusiones acerca de si vamos a ver el fútbol o la película de dibujos animados; él decide.
5. Proponer una actividad: ir a patinar sobre hielo, alquilar una película de vídeo, ir al parque o invitar a su amigo del alma a pasar la noche.
6. Quedarse despierto hasta más tarde. Si al día siguiente tiene que hacer algo importante y debe levantarse pronto y despejado, este privilegio puede posponerse hasta el fin de semana.
7. Organizar el tipo de celebración que desea.

OTRAS IDEAS

• Decore la casa y cuelgue globos por todas partes.
• Cuando estén todos en casa, proponga algún juego divertido.
• Diseñe sus propias tarjetas de felicitación.

CONSEJO ÚTIL

Si quiere que su hijo sea realmente feliz, gástese la mitad del dinero que se gasta en regalos y a cambio pase el doble de tiempo con él.

---

68. DEJA, YA LO HAGO YO

Es muy difícil que un niño asuma sus responsabilidades de un modo espontáneo. Lo normal es que trate de escurrir el bulto y espere a ver si lo hace usted por él. No tiene por qué extrañarse. ¿Acaso no dejaría que otro hiciera las cosas desagradables o que no le apetecen por usted si pudiera elegir? Hacerse la cama cada mañana no tiene nada de emocionante o divertido, ni siquiera resulta especialmente gratificante.

POSIBLES PROBLEMAS Y SOLUCIONES

Uno de los trucos preferidos de cualquier niño consiste en hacer mal lo que le hemos pedido que haga, o en hacerlo con una lentitud pasmosa. Lo hacen tan bien que a menudo consiguen que nos desesperemos o perdamos la paciencia. Piense, no obstante, que si cede y acaba haciéndolo usted, el niño aprenderá a sacarle de las casillas para no tener que hacerlo. Ya sé que muchas veces es más fácil hacerlo uno mismo que esperar más de media hora hasta que nuestro pequeño finalmente consigue hacer la cama. Muérdase la lengua y piense que está enseñando a su hijo a ser una persona responsable.

Vigile mucho qué tipo de cosas le exige. Si pide a su pequeño que haga algo demasiado difícil para su edad, lo único que conseguirá es que se frustre y se niegue a hacer otras tareas. Si le pide a su hijo de ocho años que limpie la cocina a fondo, luego no puede quejarse porque hayan quedado restos de grasa.

Si ve que su hijo se esfuerza por hacer la cama pero no acaba de quedarle bien, no le riña ni lo agobie corrigiéndole. Necesita que le infunda ánimos y que le diga lo orgulloso que se siente. Dígale que está haciendo un buen trabajo, que lo importante es que siga intentándolo; explíquele que a veces lleva cierto tiempo aprender a hacer algo nuevo.

Si es la primera vez que su hijo tiende la ropa no puede pretender que lo haga como lo hace usted. No vaya detrás rectificando su obra de arte. Piense que le ha costado mucho y que probablemente se siente muy orgulloso de haberlo conseguido. Si lo hace, su hijo pensará que no valía la pena esforzarse tanto, y que es absurdo que lo haga él si luego igualmente acabará haciéndolo usted. Y la verdad es que tendrá toda la razón del mundo.

CONSEJO ÚTIL

Si de verdad quiere que su hijo aprenda y se convierta en una persona responsable, ármese de paciencia y concédale tantas oportunidades como sea necesario. De lo contrario, luego no podrá quejarse de su falta de colaboración.

69. SIEMPRE HAY QUE IROS DETRÁS

Las tareas domésticas suelen ser fuente de conflicto en todos los hogares del mundo. Los hijos, por su parte, tratan de escabullirse siempre que pueden e inventan excusas cada vez más elaboradas; y los padres, desesperados, acaban discutiendo entre ellos acerca del tipo y la cantidad de tareas que sus pequeños deben o no deben realizar.

La cuestión es que tanto los padres como los hijos deben colaborar para que su casa no acabe pareciendo una cuadra, y que eso forma parte del proceso educativo de nuestros hijos. Tener una casa implica cuidarla, ocuparse de ella. Y los niños deben aportar su pequeño grano de arena, sobre todo si tanto el padre como la madre trabajan fuera de casa.

NO PRETENDA IMPOSIBLES

Pretender que los hijos atiendan sus obligaciones domésticas con una sonrisa de oreja a oreja, o absolutamente motivados, es una falacia absurda. A los niños pequeños les gusta ayudar a mamá y a papá, pero este privilegio se acaba cuando cumplen los dos o tres años. Ignore sus quejas y sus bufidos, y coménteles que cuanto antes empiecen antes terminarán y podrán dedicarse a sus cosas.

Asimismo, no cometa el error de pensar que bastará con decírselo una vez. Trate de mantener la calma y pruebe fórmulas alternativas. Por ejemplo, en vez de decirle que ya es la décima vez que repite que tiene que recoger su habitación, pregúntele algo así como «¿A que no sabes lo que he venido a decirte?» o «¿Qué deberías estar haciendo en este preciso instante?».

POSPONGA TODO TIPO DE DISTRACCIONES

Si tiene que recoger su habitación o es el momento designado para limpiar el baño, prohíbale hacer cualquier otra cosa hasta que no termine con sus obligaciones. Si en vez de concentrarse en su tarea se distrae mirando el televisor, apáguelo.

Si se cuelga del teléfono, déle un minuto para despedirse de su interlocutor y volver a sus obligaciones. Puede volver a llamarle más tarde. Si no le hace caso, corte la comunicación por la fuerza. No haga caso de sus protestas.

NO OLVIDE FELICITARLOS

Cuando finalmente terminen la tarea que tenían asignada, felicítelos. Que sea su obligación hacerlo no quiere decir que no podamos darles las gracias o felicitarles. De lo contrario, pensarán que sólo nos fijamos en ellos cuando hacen algo mal.

CONSEJO ÚTIL

No olvide felicitar a su hijo cada vez que se acuerde de hacer algo él solito, sobre todo si lo hace bien y rápido.

---

70. YO LO HICE AYER, TE TOCA A TI

Un sábado al mediodía. Acaban de comer todos juntos en casa. Y de repente usted hace la terrible pregunta: «¿Quién es el encargado de lavar los platos hoy?». Inmediatamente surge una insensata discusión: «Te toca a ti, yo los lavé ayer»; «Mentira, a mí no me toca». Y el problema ya no es si cumplen o no cumplen con su obligación, sino cómo poner fin a la discusión y cómo averiguar quién lo hizo realmente.

No caiga en la trampa

Una posible solución para evitar este tipo de conflictos consiste en confeccionar una lista con todas las tareas domésticas que hay que hacer y dejar que los niños elijan las que prefieran. Una semana empieza escogiendo uno y la semana siguiente otro. Para que todos hagan más o menos la misma cantidad de trabajo, señale el tiempo estimado para hacer dicha tarea. Así se evitará que el que elige primero coja las obligaciones más fáciles y menos desagradables, las que están hechas en cinco minutos. Al principio resulta duro y uno se siente un poco cacique, pero a la larga funciona.

TAREA DOMÉSTICA	TIEMPO	QUIÉN Y CUÁNDO LO HACE
Poner la mesa	5 min	
Recoger la mesa	5 min	
Tirar la basura	5 min	
Regar las plantas	5 min	
Poner la lavadora	5 min	
Preparar el café	5 min	
Ir a comprar el pan	10 min	
Aspirador por el comedor	10 min	
Aspirador por el recibidor	10 min	
Limpiar el balcón	10 min	
Sacar polvo del salón	10 min	
Sacudir las alfombras	10 min	
Tender/recoger la ropa	10 min	
Limpiar el lavabo	15 min	
Lavar los platos	15 min	
Barrer el suelo	15 min	
Preparar el desayuno	15 min	
Hacer una tarta	20 min	
Limpiar la cocina	20 min	
Preparar la comida	30 min	
Preparar la cena	30 min	
. . .	. . .	

DETALLES QUE SE DEBEN TENER EN CUENTA

1. Hay actividades que son personales y que, por lo tanto, no deben incluirse en la lista de tareas generales. Todo lo que tenga que ver con su dormitorio –hacerse la cama, tener la habitación arreglada y limpia, ventilarla– es cosa suya. Planchar es también un quehacer personal (una vez sepan cómo hacerlo, claro está), así que cada uno se planchará sus prendas.

2. Como es natural, la lista de quehaceres domésticos variará de acuerdo con la edad de sus hijos. Al principio incluirá sólo tareas como sacar la basura o poner la mesa, es decir, será breve y muy sencilla. Y después, poco a poco, se irá complicando y haciendo más larga.

3. Además, debe adaptar la lista a las características de su familia: no es lo mismo tener un hijo que tener cuatro, que los abuelos vivan en casa o que no vivan, o que una vez a la semana venga una mujer de la limpieza y se haga cargo de las tareas más complejas.

4. Según el ejemplo que aparece más arriba, su hijo dedicaría entre una hora y dos horas a la semana a los quehaceres domésticos. Para saber si es excesivo o no, tenga en cuenta la cantidad de deberes que tiene su hijo; no olvide además que su hijo debe disponer de cierto tiempo para relajarse y pasarlo bien. No se trata de convertir su casa en un campamento de trabajo, sino suprimir las quejas del tipo «No es justo», «Yo lo hice la última vez» u «Hoy le toca a él».

LOS ANIMALES DE COMPAÑÍA

A muchos niños, sobre todo a partir de cierta edad, les gustaría tener un perrito que les hiciera compañía. Lo ven en las películas, o en casa de un amigo, y nos piden que les regalemos uno.

Si está dispuesto a concederle el capricho porque a usted también le gustan mucho los animales, cómpreselo; pero antes deje claras algunas cosas o acabará arrepintiéndose. Confeccione una lista separada con todas las tareas relacionadas con el perro, desde sacarlo a pasear y preparar su comida, hasta recoger sus defecaciones o enseñarle a ser educado. No se fíe de las promesas ya que le harán muchas para convencerle de que se lo compre: póngalo por escrito y asigne las tareas.

CONSEJO ÚTIL

En una casa, para que funcione, deben existir ciertas reglas; y éstas deben afectar por igual a todos los miembros de la familia. De este modo sus hijos aprenderán el concepto de justicia, y a aunar esfuerzos para conseguir un objetivo común.

71. ¡ES QUE YO NO SÉ HACERLO!

Los niños no nacen enseñados, eso está claro. Así pues, no saben hacer las cosas, ni aprenden a hacerlas por arte de magia. Los hay que son más hábiles con las manos y los hay más rápidos con los números y las letras, pero eso no basta. Si queremos que sean capaces de asumir una serie de quehaceres domésticos, primero deberemos enseñarles a hacerlos, a ser posible del modo más fácil y eficiente. Si el niño insiste en hacerlo a su manera, déjelo (dentro de un orden, por supuesto).

CÓMO ENSEÑAR A LAVAR LOS PLATOS

Imagínese que tiene un hijo de seis años y que considera que ha llegado el momento de que aprenda a lavar los platos. Perfecto, pero no basta con pensarlo ni con estar plenamente convencido. Hemos de enseñarle a hacerlo, y ello requiere, por regla general, una gran dosis de paciencia. Asegúrese de que sigue unas reglas mínimas y empiece.

1. No utilice la vajilla buena. Así evitará ponerse histérico si su hijo rompe uno o varios platos las primeras veces.

2. Ayúdele a identificar el lavavajillas y a no confundirlo con los polvos para lavar la ropa o el limpiacristales. Enséñele que cada producto se utiliza para una función determinada.

3. Ayúdele a echar una cantidad razonable en la pila mientras ésta se llena. Insista en lo de la cantidad razonable, ya que a los niños les encanta ver cómo se forma la espuma para luego poder jugar con ella.

4. Explíquele que el agua debe estar caliente pero en ningún caso ardiendo.

5. Sea previsor y póngale un delantal. Así evitará que se moje toda la ropa.

6. Lo más probable es que no llegue a la pila, de modo que será preciso que coloque un taburete o algo cómodo donde pueda subirse.

7. Lave usted el primer plato y mientras lo hace explique cómo hacerlo. Después, deje que continúe él. Cuando empiece a dominar la técnica, explíquele que primero se limpian las copas, los vasos y las tazas, después los platos y finalmente las paelleras, cazuelas y bandejas. Si en su casa tienen la costumbre de secar los platos, enséñele a hacerlo.

CONSEJO ÚTIL

Una imagen vale más que mil palabras. Enséñele cómo lo hace usted y deje que le imite. Si su hijo aprende a hacer algo bien, por ejemplo, a lavar los platos, se sentirá muy orgulloso de sí mismo. Y usted de él.

72. AHORA VOY, ESPERA QUE ACABE ESTO

A menudo no basta con asignar las distintas tareas domésticas y enseñarles cómo hacerlas, especialmente a partir de cierta edad. Hemos de seguir estando encima de ellos, ayudarles a ponerse en marcha y comprobar si todo va bien. A veces uno se pregunta de qué sirve tanto esfuerzo y sufrimiento, de qué sirve enseñarles a lavar los platos y asignarles dicha tarea si luego hemos de seguir yendo detrás de ellos y controlar si todo va bien. Pues sirve para enseñarles a ser personas responsables, para que sepan hacerse cargo de una casa el día de mañana y para que adquieran una determinada escala de valores.

TRATE DE MOTIVARLOS

1. En vez de enfadarse o repetirles una y otra vez que tienen que lavar los platos, pregúnteles qué tarea prefieren sacarse de encima primero. Les ayuda a ponerse en movimiento.
2. Haga algo en la habitación en la que se encuentra su hijo. A los niños a veces les gusta tener compañía; además, si mientras hacemos algo que no nos apetece hablamos y nos distraemos, parece que el tiempo pasa más deprisa y cuando

nos queremos dar cuenta ya hemos terminado. «Tú puedes lavar los platos y mientras tanto yo limpiaré la alacena.»

3. Coménteles que mientras hacen el trabajo asignado pueden escuchar su cinta preferida o la radio. Pueden tararearla e incluso mover un poco el esqueleto mientras barren o mientras recogen su habitación.

4. También puede supeditar alguna actividad que les guste a los quehaceres domésticos. Por ejemplo, «Iremos a la piscina tan pronto como acabes de recoger la mesa y de lavar los platos», «Cuando acabes de barrer el suelo podríamos leer uno de los cuentos de tu libro nuevo», «Nada de televisión hasta que hayas regado todas las plantas» o «Si antes del mediodía has recogido tu habitación, esta noche podrás irte a la cama media hora más tarde». Intente no abusar de este recurso o al final no sabrá qué ofrecerles. Además, existe el peligro de que se acostumbren a hacer las cosas sólo a cambio de algo.

5. Establezca un sistema de puntos. Cada tarea finalizada sin que usted tenga que ir detrás de ellos durante media hora vale cierta cantidad de puntos. Cuando consigan una puntuación determinada pueden canjearla por algún privilegio especial: salir a comprar un helado, alquilar un vídeo determinado, etc.

6. Mientras sus hijos sean pequeños puede jugar a «batir el récord». Consiste en poner un cronómetro y ver quién termina antes la tarea (si por ir más rápido no se hace bien el cometido, hay que volver a empezar).

CONSEJO ÚTIL

Si algo puede ser divertido, no lo convierta en aburrido.

73. MI HIJO NO CUMPLE

CON SUS OBLIGACIONES

A veces, a pesar de todos nuestros esfuerzos como padres, no conseguimos que nuestros hijos o alguno de ellos cumplan con sus quehaceres domésticos. En vez de desesperarse y convertir su casa en una especie de campo de batalla, trate de encontrar una solución más efectiva y constructiva.

ENSÉÑELES A ASUMIR LAS CONSECUENCIAS

Si les advierte de lo que ocurrirá si no cumplen con sus obligaciones no podrán quejarse y, además, aprenderán a asumir las consecuencias de sus actos.

1. Si uno de sus hijos acaba haciendo por otro uno de los quehaceres que tenía asignado, el primero podrá traspasarle al segundo una de sus tareas cualquier otro día, la que menos le guste o la más larga. El incumplidor no podrá protestar ni negarse.
2. El incumplidor perderá alguno de sus privilegios, por ejemplo, no podrá ver uno de sus programas favoritos o se quedará sin su ración de helado el sábado por la tarde.

3. Al día siguiente tendrá que levantarse una hora antes para hacer la tarea que debería haber hecho el día anterior.

QUÉ HACER EN CASOS EXTREMOS

A veces, es necesario tomar una medida drástica. Pongamos por caso que esa tarde tiene que acompañar a sus hijos al entrenamiento de baloncesto, actividad que les encanta, y no consigue que hagan los quehaceres que tienen asignados. O que llega la hora de comer y nadie se digna a poner la mesa. Declárese en huelga. Prepárese un bocadillo de tortilla, coja una Coca Cola de la nevera y retírese a su habitación a leer un buen libro. Cuando sus hijos entren en su cuarto diciendo que tienen hambre o para decirle que es la hora de ir al entrenamiento, dígales simplemente que lo siente pero que no está dispuesto a ser el único que cumple con sus obligaciones; que, si ellos no colaboran haciendo su parte, usted tampoco está dispuesto a hacer la suya. Si ponen cara de no entender nada, pregúnteles si saben por qué lo hacen; a continuación dígales si se les ocurre cómo podrían solucionarlo. Quizás le parezca un poco excesivo, pero a veces vale la pena ser un poco drástico para evitar problemas mayores.

CONSEJO ÚTIL

Déle la vuelta al refrán y haga a los demás lo que le están haciendo a usted; ya verá qué pronto aprenden.

---

74. ESTO NO ME GUSTA, QUIERO MACARRONES

Las horas de las comidas son fuente de numerosos conflictos.
Y entre ellos destaca la negación del niño a comer un alimento determinado. ¿Cuál es la mejor solución? ¿Hay que obligarle a comerse todo lo que tiene en el plato o hay que ceder a sus
quejas?

ES MEJOR RETIRAR LA COMIDA Y ESPERAR A QUE TENGA HAMBRE

Cuando nosotros éramos pequeños, si un niño se negaba a
comer algo se le dejaba sentado delante del plato el tiempo que
hiciera falta; o se le retiraba, pero a la hora de merendar o de
cenar se le volvía a dar lo mismo. La verdad es que no es una
experiencia demasiado agradable. Además, la eficacia del
método es más que dudosa y tiene importantes efectos secun-
darios, por ejemplo, el deterioro de las relaciones padre/hijo.
Es preferible retirar el plato, eso sí, siguiendo ciertas reglas:

1. No retire el plato hasta que todos hayan terminado de comer.
2. No le dé ningún otro alimento o bebida.

3. No guarde la comida que no ha querido ingerir. Es mejor dar por zanjada la cuestión que prolongar la tensión indefinidamente.

EL HAMBRE COMO MÉTODO EDUCATIVO

Es evidente que los niños comen más y mejor cuando están hambrientos. Sírvase de este principio para conseguir que sus hijos adquieran unos buenos hábitos alimenticios.

- Es más probable que un niño ingiera algo por lo que no siente una especial predilección si tiene hambre que si no la tiene.
- Es más fácil introducir platos nuevos cuando el niño está hambriento.
- Cuando un niño tiene hambre se concentra en comer y se olvida del resto.
- Dígale que si no se comporta correctamente o molesta a los demás le quitará el plato. Si está realmente hambriento, funcionará. Si no tiene hambre, puede ser contraproducente: la amenaza no surtirá efecto. Además, puede aprender que es un buen método para conseguir que le saquen la comida de delante el día que no quiere comer.

CONSEJO ÚTIL

Que sea el método que utilizaron con nosotros nuestros padres no quiere decir necesariamente que fuera un buen método.

75. MI HIJO SE NIEGA A COMER

Hay niños que comen mejor y niños que comen peor, pero el verdadero problema surge cuando nuestro hijo se niega por completo a comer, independientemente de si le gusta lo que le hemos preparado o no, de si es su plato preferido o no, de si hace horas que no come o no. Lo primero que hay que hacer es asegurarse de que el niño no está enfermo, ya que cuando lo están suelen perder el apetito: póngale el termómetro y fíjese en si muestra algún síntoma anómalo. Si el pequeño está perfectamente, la cuestión es más grave y difícil de solucionar.

POSIBLES ACTITUDES

Hay niños que pasan etapas en las que se niegan a comer. Las causas pueden ser de tipo muy variado y es por esto por lo que cuesta mucho encontrar una solución realmente efectiva. De todos modos, puede probar alguna de las siguientes sugerencias:

1. No le haga el más mínimo caso. Si lo que pretende el niño es llamar su atención o ponerle nervioso, dará resultado.
2. Recuérdele que en África hay niños que se mueren de ham-

bre. Si su hijo es sensible o ha visto algún reportaje sobre los países del Tercer Mundo, es posible que cambie de actitud.

3. Amenácele: «Si no comes, mamá se enfadará mucho». Este tipo de solución puede ser muy efectiva o terriblemente contraproducente, depende del niño y de su relación con él.

4. Inténtelo con sobornos: «Si te comes todo lo que mamá te ha preparado, te compraré un helado». Si lo que le ofrece a cambio le gusta lo suficiente, es probable que coma. Sin embargo, este método es un poco peligroso porque el niño puede aprender a usarlo y negarse a comer si no es a cambio de algo.

TRATE DE NO PERDER LA CALMA

Si le obliga a comer a la fuerza es posible que el niño lo vomite todo y se quede tan ancho. Es preferible retirar el plato y esperar a que tenga tanta hambre que no pueda seguir en ayuno por más tiempo. Tampoco sirve de nada enfadarse; si pierde los estribos la comida acabará sentándole mal a todo el mundo y no habrá conseguido nada. Lo mejor que puede hacer es mostrarse firme y decidido con su hijo, demostrarle que no piensa ceder ni ponerse nervioso. Cuando quiera comer, comerá. Mientras tanto, déjele claro que no piensa permitir que le estropee la comida, porque usted sí tiene hambre y sí disfruta comiendo.

CONSEJO ÚTIL

Un niño puede pasar varios días sin comer nada sólido y estar bien. Sea paciente y se evitará muchas discusiones.

76. ¿QUIERES SENTARTE

Y ACABAR DE UNA VEZ?

A los niños les cuesta permanecer sentados en la mesa una vez han terminado de comer, e incluso ni levantarse de la silla entre platos o entre cucharada y cucharada. Por regla general comen más deprisa que los adultos y mientras lo hacen están pensando en lo que van a hacer a continuación, o en el juego que han dejado a medias. Sin embargo, debemos enseñarles a respetar ciertas reglas.

ES OBLIGACIÓN PERMANECER SENTADO EN LA MESA

Si quiere que sus hijos respeten esta regla, empiece por prohibirles que coman en el sofá mientras miran la televisión o en la cama, mientras leen un cuento antes de acostarse. Por supuesto, puede hacer algunas excepciones –comer palomitas viendo una película los domingos por la tarde o beber un vaso de leche caliente con miel antes de acostarse cuando están resfriados–, pero debe quedar claro que se trata de casos especiales.

Para conseguir que permanezcan sentados en la mesa hasta que hayan terminado hay un método muy sencillo. Una vez se levantan ya no pueden volver a sentarse. Eso quiere decir que si entre el primer y el segundo plato, o mientras esperan el suculento postre que usted ha preparado, abandonan la mesa, se quedan sin comer lo que venga a continuación. Si el niño hace caso omiso de sus advertencias y vuelve a sentarse, quítele el plato o no le sirva. Y por mucho que se queje o llore, no vuelva a ponérselo. Si cede, todos sus esfuerzos no habrán servido para nada.

Si al cabo de una hora su hijo se le acerca diciendo con voz de pena que tiene hambre, recuérdele que ha sido él el que ha decidido levantarse de la mesa, que nadie le ha obligado. Quizás le suene un poco excesivo, pero a veces vale la pena ser un poco drástico para que aprendan la lección y sepan valorar sus esfuerzos. Los niños deben entender que hay ciertas reglas que no pueden saltarse. Si cree que no va a ser capaz de resistirlo y que acabará cediendo si su hijo le dice lloroso que tiene hambre, es mejor que no utilice este método.

HÁGALE PERMANECER DE PIE

Un método alternativo consiste en quitarle la silla si se levanta antes de haber terminado. Al principio quizás le haga gracia eso de comer de pie, por la novedad. Pero al cabo de un rato se cansará y dejará de parecerle divertido. Lo malo es que tanto él como el suelo pueden acabar más sucios que de costumbre.

CONSEJO ÚTIL

Ser padre implica autodominio y ser capaz de mantenerse firme en situaciones extremas. Sea sincero consigo mismo y no amenace con algo que no será capaz de cumplir.

---

77. CARIÑO, LÍMPIATE LA CARA

Los niños suelen ensuciarse cuando comen, de modo que tienen que limpiarse la boca y las manos cada dos por tres. El problema es que a ellos no les molesta tener restos de macarrones alrededor de la boca o tener las manos pringadas de plátano. Además, sus métodos preferidos para limpiarse consisten en pasarse la manga del jersey o la camisa que llevan puesta por encima de los labios o restregarse las manos en la camiseta, costumbres muy poco ortodoxas.

ENSÉÑELE A UTILIZAR LA SERVILLETA

Deben extender la servilleta sobre su regazo, así si se les cae un trozo de pollo o parte de los macarrones que han intentado llevarse a la boca no se ensucian la ropa. De vez en cuando, o si un adulto se lo indica, deben cogerlo, limpiarse la boca y volverlo a extender sobre sus rodillas.

Recuerde que para ellos resulta más fácil hacerlo con una servilleta de tela que con las de papel, muy endebles y delgadas. El único problema es que las primeras hay que lavarlas y, según la tela, incluso plancharlas. Ya sabe, todo sea por la causa.

La servilleta no debe utilizarse como si fuera una toalla. No se trata de restregarse la cara con ella; basta con pasarse uno de los extremos por encima de los labios, a poder ser antes de que los chorretones le lleguen a la barbilla. Enséñele haciéndolo usted con su propia servilleta.

QUÉ HACER EN CASO DE:

1. Limpiarse la boca con la manga de la camisa.
2. Limpiarse los dedos en la camiseta o en los pantalones.
3. Dejar la servilleta encima de la mesa.
4. Limpiarse la nariz con la servilleta.
5. Estrujar la servilleta dejándola totalmente arrugada.
6. Utilizar la servilleta para esconder algún bocado o comida que no nos gusta.
7. Utilizar la servilleta de la persona que se sienta a nuestro lado.
8. Restregarse los ojos con la servilleta.

CONSEJO ÚTIL

No se canse de repetir las cosas; es la única forma de que acaben captando el mensaje.

78. ¿QUIERES UTILIZAR EL TENEDOR?

Los niños aprenden primero a coger las cosas con las manos y luego a utilizar con ellas utensilios más complejos. Así pues, es natural que al principio no sepan utilizar el tenedor o la cuchara, y prefieran coger los alimentos directamente con las manos. El problema es que, una vez han aprendido a hacerlo con las manos, les cuesta mucho cambiar de método. Mírelo de este modo: si empleando las manos consiguen aquello que quieren, ¿por qué complicarse la vida con esos extraños artefactos a los que llamamos genéricamente cubiertos?

CON LOS DEDOS NO SE COME

El proceso de aprendizaje debe empezar alrededor de los cuatro años. A esa edad tienen ya la agilidad suficiente como para aprender a utilizar el tenedor o la cuchara. De hecho, se puede empezar antes, con determinados alimentos. Al principio es probable que se ensucien más de lo habitual o que derramen parte de la comida, pero debemos insistir. Para motivarles podemos comprarles unos cubiertos especiales, apropiados a sus medidas, y permitir que se ayuden con la otra mano.

Enséñele también que puede utilizar un trocito de pan para empujar la comida hacia el cubierto.

HAY QUE UTILIZAR EL CUBIERTO ADECUADO

Nuestro hijo debe aprender que cada cubierto tiene una función específica: la sopa se come con la cuchara, la tortilla con el tenedor y el cuchillo se usa para cortar la carne. Hay que ir introduciendo los utensilios uno a uno, y empezar con alimentos fáciles de comer.

Si al principio se niega a utilizar el tenedor, no le ponga cuchara. No le quedará más remedio que aprender.

CON LOS CUBIERTOS NO SE JUEGA

Los cubiertos sirven para comer, por tanto no deben jugar con ellos. Nada de agitar en el aire una cuchara llena de puré de patatas o de describir arcos con el tenedor después de haber pinchado un trozo de carne con salsa. De lo contrario, la comida puede acabar esparcida por toda la mesa e incluso por el suelo. Además, si hacen el tonto pueden hacer daño a la persona que tienen al lado o a sí mismos. Recuerde que los tenedores son puntiagudos y los cuchillos, instrumentos afilados y cortantes.

CÓMO COGER LOS CUBIERTOS

Al principio los niños cogen los cubiertos con toda la mano, cerrando el puño para dominarlos mejor. Es normal, pero alrededor de los seis años debemos enseñarles a asirlos correctamente, es decir, utilizando sólo dos dedos. Demuéstreles cómo hacerlo, ayúdeles a intentarlo. A menudo se olvidarán y volverán al viejo sistema. Oblígueles a rectificar y poco a poco se acostumbrarán a hacerlo bien.

LA INTRODUCCIÓN DEL CUCHILLO

El cuchillo es sin duda el cubierto que más cuesta aprender a utilizar. Además, es afilado y cortante por lo que no podemos introducirlo hasta que el niño alcance cierta edad. Empiece con alimentos fáciles de cortar, como un trozo de pescado blando o una pechuga de pollo deshuesada. Cuando empiece a dominar la técnica, vaya introduciendo alimentos cada vez más complicados.

LOS CUBIERTOS SE DEJAN EN EL PLATO

Una vez se empieza a comer, los cubiertos deben estar en nuestras manos o apoyados en el plato. Tan sólo se dejan sobre la mesa entre plato y plato –en los restaurantes caros, ni siquiera entonces–. Acostúmbreles a hacerlo así, y a dejar los cubiertos en el plato una vez hayan terminado. Explíqueles que ello indica que han terminado y que están esperando el postre. Si quiere conseguir que lo aprendan rápido, sirva el postre sólo a aquellos que tengan el cuchillo y el tenedor en el plato. Y cuando se quejen dígales, fingiendo sorpresa, que creía que todavía no habían terminado.

CON LA COMIDA NO SE JUEGA

Una vez sepan utilizar los cubiertos, es posible que los empleen para jugar con la comida. Recuerde que la imaginación de sus hijos no tiene límites, de modo que pueden cortar un trozo de queso y convertirlo en un bigote improvisado, o coger una cucharada de fideos y transformarla en una hermosa y tupida barba delante de todos los comensales. Sin duda, algo bastante desagradable. También puede ser una táctica que utilizan cuando no tienen hambre, para distraerse. Explíqueles que eso no se hace, que con la comida no se juega. Si a pesar de sus advertencias insisten, deje de hacer ese plato durante algún tiempo; asegúrese de que saben por qué lo ha eliminado de la carta.

CONSEJO ÚTIL

Comer con alguien que no tiene unos modales mínimos en la mesa puede ser muy desagradable. Piense que enseñándoles a comer correctamente les evitará muchos problemas y sofocos.

79. CON LA BOCA LLENA NO SE HABLA

Nuestros hijos deben aprender poco a poco las distintas reglas que rigen el comportamiento en la mesa. Es algo que no surge de un modo espontáneo en ellos; piense que muchas de las normas qué tenemos datan de la Edad Media y que, por tanto, les parecen un poco absurdas. Debemos conseguir que nuestras enseñanzas penetren gradualmente en la mente del niño. Eso no quiere decir que las vayan a poner en práctica a medida que usted se las transmite, pero al menos sabrá de qué le habla cuando le diga algo como «Mastica y traga antes de hablar, por favor».

Por supuesto, será un proceso largo y penoso, ya que hay que estar encima de él a diario. Tómeselo con mucha calma pero no baje la guardia. Y recuerde: es mejor empezar por las cosas más sencillas o necesarias, e ir añadiendo después los refinamientos.

ALGUNAS NORMAS BÁSICAS

1. Hay que masticar con la boca cerrada. Si su hijo tiene la costumbre de comer con ésta abierta o hace ruidos extraños

mientras mastica, corríjale. Recuérdele que está comiendo, y no mascando chicle o sorbiendo un refresco con una pajita al lado del mar. Si insiste expresamente porque quiere atraer su atención, quítele el plato.

2. Hablar con la boca llena es de mala educación. Si a su hijo de repente se le ocurre algo que decir, no piensa que está comiendo y lo suelta. El problema es que su dominio de la técnica dista mucho de ser perfecto, y la comida puede quedar esparcida por toda la mesa, algo realmente desagradable. Dígale algo como «Trágate lo que tienes en la boca, cariño, si no mamá no te entiende». Y sobre todo trate de no hacerlo usted; muchos adultos tenemos la mala costumbre de hablar con la boca llena y ni siquiera nos damos cuenta de que lo hacemos. La única diferencia es que nosotros dominamos más la técnica y no se nos cae la comida.

3. No debemos introducir una nueva cucharada de comida en la boca hasta que no hayamos tragado la anterior. Explíquele que es una grosería. A los niños les encanta llenarse la boca y hacer el tonto, de modo que deberá insistir en este punto.

4. Hay que limpiarse las manos antes de sentarse a comer. Dígales que es una señal de respeto hacia los otros comensales. Un método que acostumbra a funcionar consiste en avisarlos cinco minutos antes de que la comida esté lista y decirles que dejen lo que están haciendo y vayan a asearse.

5. No hay que llenar la boca en exceso. Si es una cantidad demasiado grande, se verán obligados a separar los labios y a forzar la mandíbula. Y es posible que les acabe sentando mal. La comida hay que disfrutarla, no engullirla. Cualquier dietista le dirá que es mucho más sano comer despacio que hacerlo excesivamente deprisa. Si quiere, puede hacer una

especie de experimento con ellos. Pídales que prueben a comer distintas cantidades de comida; si se les cae algo de la boca o deben hacer movimientos exagerados, ello indica que el bocado es demasiado grande.

6. Deben recoger sus cosas. Cuando su hijo termine de comer y haya pedido permiso para abandonar la mesa, recuérdele que primero debe recoger su plato, sus cubiertos y su vaso. Si en su casa hay lavaplatos, debe pasarles agua y meterlos en él; si no lo hay, debe pasarles agua igualmente y dejarlos cerca de la pila. Piense que en el colegio les enseñan a hacerlo, ya que de lo contrario los monitores de comedor no acabarían de recogerlo todo hasta las cinco de la tarde. Y si en la escuela pueden hacerlo, en casa también. Preséntelo como un privilegio, «Eres tan mayor que ya puedes llevar tus cosas solo a la cocina». Es posible que rompa algún plato o algún vaso, pero le será más fácil perdonarlo si se le rompe con cuatro o cinco años que cuando tenga nueve o diez.

ALGUNOS REFINAMIENTOS

1. No se empieza a comer hasta que todo el mundo está servido. Sus hijos deben aprender que es de mala educación empezar a comer antes que los demás comensales. Deben acostumbrarse a esperar la señal previamente acordada: «Al ataque» o «Ya podéis empezar». Trate de recordar lo que ocurre normalmente: su hijo empieza primero y, antes de que usted haya acabado el primer plato, ya le está pidiendo el postre. Si sus hijos llegan hambrientos del colegio, ponga algo de fruta o zanahoria pelada en un plato, en el centro de la mesa; mientras esperan a que todo el mundo esté servido, pueden coger algo de este plato.

2. Apoyar los hombros en la mesa es de mala educación. Así evitará que invadan el espacio de la persona que se sienta a su lado y empiecen las discusiones habituales, o que apoyen la cabeza sobre el brazo como si fueran a desplomarse sobre el plato. La mano que les queda libre debe estar sobre su regazo o apoyada sobre la mesa.

3. En la mesa no se canta. Porque no se puede cantar y comer al mismo tiempo. Además, los demás han de poder conversar tranquilamente.

4. Hay que pedir permiso para levantarse de la mesa. Basta con que digan algo así como «¿Puedo levantarme ya?». Si su hijo olvida decirlo, vaya a buscarle o llámele, y hágaselo hacer.

CONSEJO ÚTIL

Los niños suelen comer con la vista, especialmente cuando tienen delante uno de sus platos favoritos. Es preferible que repitan varias veces, a que dejen la mitad en el plato.

ÍNDICE

PROBLEMAS DE RELACIÓN

PROBLEMAS ESCOLARES

Comportamientos sociales

LA ACTITUD EN CASA

LA ACTITUD EN LA MESA

Anthony Avery

IDEAS Y TRUCOS

PARA EL HOGAR

Consejos y soluciones prácticas para la decoración, el mantenimiento y todos los problemas que se pueden presentar en su hogar

Resuelve todas las cuestiones de la decoración de tu vivienda, así como los pequeños problemas e imprevistos que surjan en el hogar.

- Las mejores soluciones para decorar y amueblar todos los espacios de tu vivienda.
- Los estilos que mejor pueden adaptarse a tus posibilidades y a tu forma de vida.
- Cómo conservar en perfectas condiciones los distintos revestimientos de tu hogar (pintura, estucados, pavimentos, parquet...).
- Cómo eliminar las manchas más difíciles en superficies generales y en tejidos.

Robert Serre

IDEAS Y TRUCOS

PARA COMPORTARSE SOCIALMENTE

Guía práctica de las buenas maneras y del saber estar en los tiempos actuales.

Conoce las claves esenciales para comportarte con corrección y elegancia en cualquier situación de la vida social moderna.

- Cómo cultivar una imagen elegante y distinguida
- Aprender a escoger la indumentaria adecuada a cada ocasión.
- Claves para realizar con total corrección presentaciones, saludos y despedidas.
- Cuáles son las cualidades del perfecto anfitrión.

Penélope Doy

IDEAS Y TRUCOS

DE BELLEZA

Consejos y soluciones prácticas para estar siempre atractiva.

Descubre los trucos y consejos necesarios para ofrecer en todo momento una imagen atractiva.

- Métodos para elaborar tus propios cosméticos a partir de productos naturales.
- Cómo conseguir una piel sana, eliminando los problemas de impurezas y arrugas.
- Los mejores sistemas para combatir y evitar defectos como las estrías o la celulitis.
- Conocer las ventajas de las diversas clases de baños tonificantes.
- Qué tipo de cosmético se adapta mejor a las distintas zonas de tu cuerpo.
- Cuidados esenciales para potenciar el atractivo de cabellos, manos y senos.

*Domina todas las claves imprescindibles
sobre la elaboración y presentación de cócteles.*

- Cómo preparar y servir los cócteles
  más conocidos en nuestra cultura social.
- Los orígenes y evolución de las mezclas
  a lo largo de la historia.
- Consejos para disponer de un bar
  perfectamente surtido en tu propia casa.
- Conocer los utensilios más adecuados
  para la elaboración de cada mezcla.
- Los tipos de copas o vasos apropiados
  a cada cóctel.

*Aprende a superar todos tus temores
y a dominar los resortes necesarios
para captar la atención de la audiencia.*

- Cuáles son las cualidades de un buen orador.
- Cómo adaptar tu discurso a las circunstancias
  (lugar, posición ante el público, horario...).
- Actitudes que debe adoptar el orador en función
  del tipo de público.

*El nombre no sólo nos identifica, sino también
nos proporciona una personalidad única.*

- La etimología, historia y características
  de cada nombre.
- Una relación completa de nombres con sus
  respectivas onomásticas.
- La influencia de la numerología aplicada
  a los nombres de personas.
- Por qué la elección de un determinado nombre
  condiciona nuestro carácter.
- Conocer numerológicamente qué valor final
  resulta de sumar nombre y apellidos.
- Descubrir el simbolismo que tradicionalmente
  se ha otorgado a cada nombre.